U0442869

甘阳，1952 年生，杭州人。18 岁至 26 岁作为知识青年在北大荒劳动八年。"文革"结束后先后就学于黑龙江大学与北京大学。1985 年在北京创办"文化：中国与世界"编委会，主编之"现代西方学术文库"与"新知文库"等成为中国新生代学人开始主导思想学术界的标志。

1990 年代在美国芝加哥大学读书十年，随后在香港大学工作十年，并开始提倡推动中国大学的博雅教育与通识教育。2009 年全职加盟中山大学，创办中山大学博雅学院并任院长，兼任中山大学人文高等研究院院长，通识教育总监。2013 年协助重庆大学创办博雅学院兼任创院总监。2014 年协助清华大学创办新雅书院兼任创院总监。2017 年全职加盟清华大学，任新雅书院院长，清华大学教学委员会副主任，通识教育委员会主任。

现任清华大学新雅讲席教授，哲学系博士生导师，大学通识教育联盟秘书长。

甘阳

超越西方文化左派

返回雷蒙德·威廉斯

生活·讀書·新知 三联书店

Copyright © 2025 by SDX Joint Publishing Company.
All Rights Reserved.
本作品版权由生活·读书·新知三联书店所有。
未经许可，不得翻印。

图书在版编目（CIP）数据

超越西方文化左派：返回雷蒙德·威廉斯 / 甘阳著.
北京：生活·读书·新知三联书店，2025.8. -- （甘阳集）. -- ISBN 978-7-108-08030-1

Ⅰ．K561.03

中国国家版本馆 CIP 数据核字第 2025SA5551 号

责任编辑	王晨晨
装帧设计	何　浩
责任校对	张　睿
责任印制	李思佳
出版发行	生活·讀書·新知 三联书店
	（北京市东城区美术馆东街 22 号 100010）
网　　址	www.sdxjpc.com
经　　销	新华书店
印　　刷	北京隆昌伟业印刷有限公司
版　　次	2025 年 8 月北京第 1 版
	2025 年 8 月北京第 1 次印刷
开　　本	880 毫米 × 1092 毫米　1/32　印张 8.125
字　　数	130 千字
印　　数	0,001－5,000 册
定　　价	69.00 元

（印装查询：01064002715；邮购查询：01084010542）

目 录

序　从威廉斯返回艾略特　1

导论　超越西方文化左派　53

细读《文化与社会》　71

　　导　论　73

　　第一编　十九世纪的传统　89

　　第二编　中间时期　161

　　第三编　二十世纪的见解　178

附录　儒学与现代

　　——兼论儒学与当代中国　223

致　谢　256

序
从威廉斯返回艾略特

我在1988年所写的《儒学与现代》一文中，曾把我自己的基本取向称为"一种具有批判精神的文化保守主义"，并认为："儒学在现代世界中的位置乃在于：在一个工具理性必然占主导地位的工商社会和技术时代，毫不动摇地继续坚持价值理性的关怀，维护人文文化的传统和活力，并全力向着所谓Geisteswissenschaften（精神科学、人文研究）的方向去开展自己新的形态、新的境界。"（见本书附录）就此基本取向而言，我从1980年代主持"文化：中国与世界"编委会，到21世纪以来这二十五年致力于推动中国大学的博雅教育和通识教育，大概可算"吾道一以贯之"。

文化和保守主义的问题因此一直是我的主要关切，因为我相信，正因为现代工商社会是一个万物皆流、日新月异、一切坚固的东西都加速烟消云散的社会，一个良性的健康的文化保守主义或有助于抵制，或至少减缓现代商业化社会必然带来的文化的商品化、文化的空洞化、文化的泡沫化和文化的碎片化。1990年代我在美国读书期间，特别引起我长期关注和思考的是两个比较大的"文化和保守主义问题"：一个是美国的保守主义与自由主义之争以及二者之间日益白日化的"文化战"所导致的社会撕裂；另一个则是历史更悠久的英国文化保守主义传统与英国社会主义或左翼传统之间的复杂关系。关于前者的思考，见于我的《政治哲人施特劳斯：古典保守主义政治哲学的复兴》等文章（现收入《施特劳斯时刻》一书），也见于我在清华大学讲授的课程"自由主义与保守主义在美国"（讲稿已整理为《新雅美国史八讲》）。

威廉斯的意义

这本《超越西方文化左派》关注的则是英国非常特殊的"文化和保守主义"问题。英国从工业革命开始，就形成了保守主义和社会主义共同批判资本主义与自由主义的强大传统。雷蒙德·威廉斯的《文化与社会：1780—1950》之所以值得细读，就在于他从左翼的立场出发详细梳理了英国的这一批判传统，特别强调了英国的保守主义传统和英国的社会主义传统曾共享一套批判资本主义自由主义的话语,他对英国保守主义传统的梳理远胜于很多保守派学者对保守主义的狭隘理解。对于威廉斯,"文化与社会"不仅仅是个书名,更是他的一个概念,亦即他认为虽然英国没有形成自己的古典社会学传统,但却形成了独特的"文化与社会"的批判传统,这个批判传统的特点就是以"文化"为最高标准或"最高上诉法庭"来审视、批判资本主义和自由主义打造的现代社会。这个批判传统不仅仅关心改善劳工的物质生活水准,同时更深刻批判资本主义对人心和人性的腐蚀,对文化的商品化、庸俗化以及对人民整体生活方式的败坏。威廉斯书中引用19世纪最伟大的艺术批评家罗斯金对资本家说的一段话,最能说明这个"文化与社会"批判传统的旨趣所在,罗斯金在对一批工业主的演说中直接对他们说:

> 你们整个一生,都是在腐蚀大众品味,刺激公众奢侈消费。你们靠媚俗赚取的利润都是基于消费者的虚荣心之上,你们标新立异制造出来的新的需求,只能使消费者养成永不满足的习性。当你们年老退休时,只有一件事可以安抚你们自己的风烛残年:那就是反省你们过去的所作所为,反思你们的

一生是如何成功地阻碍了艺术、玷污了美德、**败坏了你们国家的生活方式**。[1]

威廉斯作为英国老一代左翼思想学术的代表，自觉地把自己置于这个"文化与社会"的批判传统中。如他自己所言，他这本1958年出版的《文化与社会》，首先是回应艾略特影响深远的《关于文化定义的札记》（1948年，当年艾略特获诺贝尔文学奖无疑更扩大了其影响），他们这两本书背后则有威廉斯的老师利维斯1930年的《大众文明与少数人文化》的问题。而他们这三本20世纪的"文化"之书，在问题源头上又回溯到19世纪阿诺德著名的《文化与无政府状态》（1869）以及纽曼的《大学的理念》（1852）。威廉斯的意义就在于从头梳理了1780—1950年这一百七十年英国的"文化与社会"批判传统，同时认为左翼应该批判地继承这一传统。可惜威廉斯后继无人，他以后的"西方文化左派"或今日所谓"白左"，完全否定"文化"是最高标准或"最高上诉法庭"，把所有的文化努力都看成是阿尔都塞

---

[1]《两条途经》（*The Two Paths*），1887，pp.129-131。强调为笔者所加，下文亦同。

所谓"资产阶级意识形态国家机器"而全盘否定。甚至威廉斯本人后来也在年青一代新左派的压力下否认自己这本书的重要性。我个人对威廉斯以后的著作基本不感兴趣，本书副标题"返回雷蒙德·威廉斯"指的仅仅是《文化与社会》的作者，亦即当时被称为"左翼利维斯派"的威廉斯，并通过威廉斯进一步"返回"到艾略特与利维斯的文化保守主义。

伊格尔顿的反省

但晚近以来似乎有些新的文化动向。威廉斯的学生特里·伊格尔顿当年曾以激进文化左派的立场大力批判自己的老师威廉斯保守（认为威廉斯强调"文化"是走向"去政治化"），更全盘否定艾略特和利维斯等人。现在到了八十多岁，他重新回顾艾略特、利维斯和威廉斯的传统，似乎开始有了一点自我反省、自我批判的意识。2022年出版的《文学批评的革命者》颇有点令人惊讶，因为伊格尔顿现在俨然以艾略特、理查兹、燕卜荪、利维斯、威廉斯的传人自居（所谓"剑桥英语"传统），在这本书中特别为"反动的"艾略特正名，并高度评价利维斯。他说：

艾略特与他那个时代的自由资本主义意识形态格格不入。……他相信公共纽带的重要性，……他也反对资本主义的贪婪、自私的个人主义和物质利己主义。……他发表的第一篇关于印度的书评是强烈的反帝国主义。……就艾略特而言，他明白过去是我们的主要组成部分，以进步的名义使过去无效，就等于消灭了许多宝贵的东西。因而他认为，通过放弃传统，我们放松了对现在的控制。

这当然都说得很对。他又说：艾略特当然是精英主义者，但精英主义并不排除对普通人的关注。

艾略特敏锐地意识到，精英阶层要想更好发展，就必须扎根于普通生活。否则，他们的特权地位可能会导致他们衰败。他们的使命是在有意识的层面上阐述对大多数人来说是习惯性行为的价值观。少数人的知识必须建立在民间的智慧之上。

这样，"文化"一词的两个主要含义——一方面是艺术和知性活动，另一方面是整个民族的生活方式——就可以很方便地结合在一起。……艾略特也是用同样的方式看待诗歌的。

这是对艾略特"文化"观的准确表述。最后伊格尔顿总结说，艾略特几乎"以一己之力开创了一场文学和批评革命，至今仍在全球范围内引起反响。如果说他的一些社会观念令人反感，他的一些批评观点不值得过分探究，但正是通过他对文学的反思，才形成了一种独特的现代批评。他对英国文学经典的重塑是惊人地大胆，他广博的知识令人瞩目"，[2]这完全是在重复他老师威廉斯在《文化与社会》中对艾略特的评价："如果用心阅读艾略特的论著，就会看到与他政治观点不同的人必须加以回答他所提出的问题，否则他们就只有认输并退出那个领域。特别是艾略特把文化的讨论推上一个重要的新舞台，在这个新舞台上再重排老戏，只会是单调乏味。"换言之，绕开艾略特谈文学和文化，只能是愚蠢。

伊格尔顿对利维斯以及利维斯派的喉舌《细察》杂志更是几乎毫无保留地高度肯定，他直截了当地确认，"《细察》政治上大体上属于左派"，并将利维斯的基本文化观总结如下：

---

[2] 特里·伊格尔顿：《文学批评的革命者》，唐建清译，上海文艺出版社，2023年，第一章，前引文字分别见第26页、18页、75页。

改革堕落社会的方法就是通过教育。教育的主要动力是大学；大学的核心是人文学科；人文学科的女王是文学，通往文学的大道是文学批评。利维斯认为，如果你相信人性，没有什么比保持大学的理念更重要了。……如果说他对［大学扩张］这一发展持强硬的精英主义观点，那么他也是第一批认识到大学注定成为经济加油站的公共知识分子之一，……正是在这种趋势下，他强调了高等教育的重要性，因为它是批判性智力自由发挥的家园，这与工业资本主义的优先事项是相悖的。

伊格尔顿对利维斯个人尤其不吝最高的评价：

他是一个极为正直的人，无论个人会付出什么代价，他都坚持自己的立场。**他预言性地警告说，大学会成为愚蠢的功利主义的牺牲品，这种功利主义以食品厂的方式衡量结果。**他还是一位优秀的教师，对学生全身心投入，他建议学生培养知识杂交，而不是满足于狭隘的视野。他有关文学研究的概念在当时显得异常开阔，涉及历史、宗教、经济学、社会学和人类学。在流行文化方面，他的辨别能力可能失效，但**他的抗议绝对是正确的，普通男女理应得到比大众报刊、通俗小说、广告和电视所提供的平庸媚俗更好的待遇。**他不仅对文学研究有强烈的责任感，而且对**整个社会的生活质量**也有强烈的责任感。……

作为一位批评家，利维斯所做的判断可能过于严格，但结果证明大多数判断是充分合理的。[3]

说利维斯和《细察》属于左派，这多少有点搞笑。（他好像忘了从前说利维斯及其学派是"资产阶级文化危机时代的保守主义文化政治"了？他从前批判利维斯的文学批评标准完全是"任意的"，没有多少合理性，现在则肯定利维斯文学批评的"大多数判断是充分合理的"。）不如说，伊格尔顿上面这番话已经颇有点文化保守主义者的味道了，或至少，他现在似乎已"返回"到老师威廉斯当年的"左翼利维斯派"立场了。进一步说，威廉斯以后的"西方文化左派"在大学内外折腾这几十年的结果，只是印证了利维斯当年的预言，大学日

---

[3] 特里·伊格尔顿:《文学批评的革命者》，两段引文分别见第243—244页、248页。

益成为各种愚蠢的牺牲品，变成了食品厂，而社会上普通男女得到的大众文化远比艾略特和利维斯时代更平庸，更媚俗。确实是到了应该有所反思，应该"超越西方文化左派"的时候了。不妨先"返回"威廉斯提出的"文化与社会"传统上来做个对比。

英国保守主义和社会主义在共同批判资本主义自由主义时所形成的体制性合作之一，就是我在本书特别谈到的英国工人阶级或劳动人民的博雅教育运动。英国在19世纪中叶出现了"工人夜校"（Working Men's College，或People's College，一般都是白天上班的工人晚上来上学），这些夜校最初是工人运动的产物，与精英大学的中上层阶级并无关系。但以后工人教育运动开始与牛津大学、剑桥大学和伦敦大学等建立了体制性的合作关系，形成了"促进劳动人民高等教育联合委员会"（Joint Committee for the Promotion of the Higher Education of Working People）。所谓"联合委员会"就是以工人和大学教师共同组成委员会来讨论在工人业余时间开什么课程以及如何开课等。重要的是，这里所谓"劳动人民高等教育"的内容乃以博雅教育和人文教育为主，而不是美国式的职业教育和技能教育。1873年在剑桥大学，1876年在牛津大学，以及伦敦大学等，都建立了University Extension Class，也就是大学延伸夜校课程，主要对象是工人和劳动人民，但推动的是整个社会的博雅教育和人文教育。1903年成立了全国性的"工人教育联合会"（Workers' Educational Association，WEA），在各个地方都有分支，在剑桥大学和牛津大学等都设有专门的部门和专门的WEA教师到各个分支去给工人和劳动人民上课，经费由英国教育部专门拨款，包括王室和很多贵族及社会名流一度都表示对工人教育的热心和支持。一方面，这当然可以说是当时统治阶级考虑阶级调和的问题，力图教化劳动人民，从文化教育上达成社会整合的目的，体现了英国中上阶级对劳工阶级的妥协。但另一方面，并不能就此否定工人阶级博雅教育的伟大意义，至少大批左翼和社会主义者，包括威廉斯、汤普森、霍伽特等都特别利用了工人教育的平台（也是他们很多人的谋生手段），成为左翼和社会主义运动的一个重要部分。他们的教学质量和教学成果不但对工人阶级而且对提升"整体社会的生活质量和文化素养"都有重大意义。威廉斯本人1946年毕业以后，一直到1961年，都不是正式的大学教师，而主要是WEA的教师，他讲授《文化与社会》的对象正是校外的工人和劳动人民，《文化与社会》一书就是工人夜校博雅教育的成果。（我们不妨想象一下差别：《文化与社会》一书让我们现在的专业研究生来读都相当吃力，而威廉斯当时的讲课对象是业余的工人和普通劳动人民！）同样，汤普森的伟大著作《英国工人阶级的形成》也是工人教育课程的成果。所以任何否定工人业余博雅教育的看法都是荒谬的。以后的似乎"更激进的"西方文化左派当然从来没有从事过这种直接面向劳动人民的教育工作，他们那套佶屈聱牙的学院车轱辘话也无法与普通人民沟通，同时1960年代后英国的社会博雅教育传统也已式微，都变成了美国式的职业教育。

艾略特与工人阶级博雅教育

我在这里特别想要补充的是，艾略特在第一次世界大战期间曾连续三年担任工人夜校博雅教育课程专职教师，这个情况以往基本不为人知。但随着2014年开始出版《艾略特散文全集》（到2019年已经出齐全八卷），以及2009年开始陆续出版多卷本《艾略特书信集》（已出到第九卷），为我们提供了艾略特在工人夜校的课程大纲以及他在书信中对工人教育的看法等，这些非常翔实而且非常有趣的一手材料，很值得关注。《艾略特散文全集》

第一卷收录了非常完整的五份课程大纲[4]，都是艾略特在工人夜校讲的课程。第一门是为牛津大学下属的工人夜校开的"现代法国文学"[5]（开课时间从1916年10月3日到12月12日），这门课因为要坐火车往返外地上课，非常辛苦，艾略特上了一次就未再继续。其余四门课则都是为"伦敦大学促进劳动人民高等教育联合委员会"（University of London Joint Committee for the Promotion of the Higher Education of Working People）的工人夜校开的，其中三门是连续三年的"英语文学"课程，每周一晚上7—9点（一小时授课，一小时答疑讨论），另一门则是额外增开的"维多利亚文学二十五讲"，每周五晚上上课。所以艾略特当时给父亲写信说，他忙得团团

---

[4] *The Complete Prose of T. S. Eliot*（总主编 Ronald Schuchard），volume 1, Apprentice Years, 1905-1918（以下简称《散文全集·一》），edited by Jewel Spears Brooker and Ronald Schuchard, Johns Hopkins University Press, 2014。五份课程大纲分别见该卷pp.471-477、478-482、587-588、589-593、754-759。Schuchard作为《散文全集》总主编，可能是最早发现这些课程大纲的人之一，可参其 *Eliot's Dark Angel*（Oxford University Press, 1999），pp.25-51, 198-216，以及《散文全集·一》"总主编导言"，pp.xiii-xxvi。

[5] 此课的课程大纲见："Syllabus of a Course of Six Lectures on Modern French Literature"，《散文全集·一》，pp.471-477。

转,上完周一的课就得赶紧准备周五的课。[6]

在给工人夜校上课期间,艾略特在给亲友的书信中最让人印象深刻的是,他对中产阶级正规学校的教育极为鄙视,却充满热情全力投入劳动人民夜校的课程。第一次世界大战时期是27—30岁的艾略特人生最艰难的时期,他每天工作14—16小时谋生挣钱养家(他妻子是严重的病人,医药开支很大)。1915年6月结婚后,当时没有任何工作的艾略特9月起先做中学老师,年薪140英镑,半年后又做小学老师,年薪比中学老师高20英镑。这些中小学生都是中产阶级甚至中上阶级的子弟,艾略特对他们毫无兴趣,非常痛恨给他们上课,纯粹是因为谋生不得已。[7]相比之下,他在伦敦大学工人夜校上课,每年上课24周,只有60英镑薪酬加3英镑津贴,第二年提到70英镑;另外一门本为多挣钱额外增开的"维多利亚文学二十五讲",更是只有每讲1英镑的收入(只够他的交通费和一顿饭钱)。但他对课程投入了极大的精力并

---

[6] *The Letters of T. S. Eliot*(总主编John Haffenden), volume 1, Revised Edition(以下简称《艾略特书信集·一》), edited by Valerie Eliot and Hugh Haughton(Yale University Press, 2009), p.228.
[7] 参见林德尔·艾登:《T. S. 艾略特传:不完美的一生》,许小凡译,上海文艺出版社,2019年,第142页。此传记完全没有提及艾略特给工人夜校上课之事。

且乐在其中，第三年因上课人数不足（伦敦战时疾病流行），按规定不能开课，他主动提出降薪开课，获得批准后完成了连续三年的工人阶级英语文学课（1917年3月他谋得一份银行工作，报酬比中小学还低，年薪120英镑，朝九晚五上班，所以他只有晚上和周末读书备课并写文章挣稿费）。虽然极端辛苦，但艾略特却对他给工人夜校上的英语文学课非常自豪。他在给自己的恩师哈佛哲学系伍兹（J. H. Woods）教授的信中说：

> 我现在在伦敦大学下属夜校开一门英语文学课程（主要是社会宗教主题，讲阿诺德、罗斯金等），班上都是工人阶级（a class of working people），我非常享受这个课程。这类人是我在英国感觉最舒服的（most agreeable）——你看，在英国我成了工党派了，虽然在美国我是个保守派。

然后他话锋一转开始攻击中产阶级及其家庭教育观：

> 中产阶级——包括大多数我认识的人，至少是他们的家人，愚蠢得无可救药（hopelessly

stupid）。他们的家庭生活令人厌恶。稍有财力的中产阶级就想送儿子去名校；但唯一动机是势利眼而已，他们对教育之缺乏尊重简直惊人……[8]

艾略特这里对中产阶级的看法立即让人想起阿诺德在《文化与无政府状态》中对中产阶级的看法，事实上也是威廉斯在《文化与社会》中总结的19世纪所有文化人对中产阶级的看法。用阿诺德的话说，英国的贵族是没文化的"野蛮人"，中产阶级则是"市侩"或他所谓"非利士人"（Philistines），只会"装文化"。阿诺德常常被引用的一段讽刺中产阶级的名言与艾略特这里的话一脉相承：

> 文化说道：细想一下这些人民，他们的生活方式，他们的习惯，他们的举止，他们说话的口气，看看并注意他们，观察他们阅读的文学，他们引以为乐的东西，他们嘴里说出来的字眼，他们心里装的思想；如果拥有财富就变成这等模样，那么，财富还值得拥有吗？（见本书第150页）

---

[8]《艾略特书信集·一》，p.188。

但是，艾略特对工人阶级的看法则与阿诺德截然不同。阿诺德认为中产阶级是"市侩"，而工人阶级更可怕，是"群氓"。这是艾略特绝对不能同意的。他在给关系最好的一个表妹的信中说："我最大的乐趣是我每周一晚上的工人阶级英国文学课……我得竭尽全力在讨论中跟上他们的思路。这个阶级的人在很多方面真的是英国最有魅力的群体；**他们不像中产阶级那样被势利和偏见僵化，而且非常谦逊。**对我这样的美国人来说，**英国工人阶级令人印象深刻乃在于他们根深蒂固的保守主义**（their fundamental conservatism）。"[9] 由于这些都是在与关系最亲近的人的私人信件中的表述，并非任何公开场合的作秀，因而艾略特对工人阶级的这种看法是完全真实的，也是他以后成熟文化观的基础。如我们前面所引伊格尔顿对艾略特文化观的总结：精英阶层的使命是在有意识的层面阐述对大多数人来说是习惯性行为的价值观。少数人的知识必须建立在民间的智慧之上。这样，"文化"一词的两个主要含义——一方面是艺术和知性活动，另一方面是整个民族的生活方式——就可以结合在一起。

---

[9]《艾略特书信集·一》, p.185。

在战时给父亲的一封信中，艾略特一方面汇报妻子的病情仍然很严重，同时说："想到我们的困难乃是'非个人的'[10]，心里或会好受一些——也就是说，这么多国家的成千上万的人都因为同样的原因遭受着更严重的苦难，而且战后全世界的人都会发现生活只会变得更艰难。"他对战后的总体感觉很悲观，但他说他预计"战后至少会有一个积极的变化，那就是工人教育运动（Workers Educational Movement）应会更加活跃"，这样他就有更多机会以此谋生。他说伦敦大学相关部门"似乎对我的教学很满意。班上有个学生跟我说，我是他们上过这门课以来遇到的最好的文学导师。我极大地享受教学的过程，周一晚上是我一周中最期待的时刻之一。班上学生们学习热情非常高，非常懂得感恩，非常渴望学习和思考（连用三个very）。在我看来，这些劳动人民是英国最有希望的象征"。[11]

英语文学课第一年课程大纲

我们现在就来看看艾略特给工人夜校上课的课程大

---

[10] impersonal，我们知道这是他日后的文学和文化批评，特别是他的"传统论"的重要概念。
[11]《艾略特书信集·一》，p.177。

纲，以便我们不只是抽象地知道有"英国工人阶级博雅教育"这件事，而是能更具体地了解他们到底上什么课，读什么书，受到什么样的教育；同时也比较一下，我们现在的精英大学的本科教育甚至研究生课程是否能达到百年前英国工人夜校博雅教育的水准。艾略特在伦敦大学工人夜校所开的连续三年的"英语文学"课第一年的课程大纲如下（艾略特后来在给他父亲的信中曾说，他一开始上课没有经验，每次备课的内容都是实际讲课时间的一倍以上，而且每次讲课前都写下来并恨不得背下来，这当然是我们每个当过老师的人都曾有过的切身体会[12]）：

现代英语文学导修课程大纲（第一年，1916年）[13]

一、丁尼生

浪漫主义时期概述。对丁尼生的影响。他所处时代的精神氛围。他的个性。早期诗歌（1830—1842年）。创作技巧。阅读：《夏洛特女郎》《食莲人》《玛丽安娜》《亚瑟王之死》《尤利西斯》《洛克

---

[12]《艾略特书信集·一》，p.228。
[13] "Syllabus for a Tutorial Class in Modern English Literature"，《散文全集·一》，pp.478–482。

斯利堂》《两种声音》《艺术的殿堂》。

丁尼生的长篇诗歌。丁尼生对科学的兴趣。政治。道德教诲。宗教观点。与同时代人的关系。阅读:《毛德》《悼念》《国王田园诗》。

二、勃朗宁

与丁尼生的对比。他的个性。对他的影响。早期诗歌。阅读:《宝琳》。

勃朗宁的戏剧特质。人物塑造。情感范围。他成熟的创作技巧。阅读:《戏剧抒情诗》《戏剧浪漫诗》《戏剧面具》《男男女女》。

勃朗宁在意大利的居住和研究经历。他的思想。道德观念。考察"索代洛"和"指环与书"。阅读:《指环与书》(尤其第一、五、六、七、十卷)。

戏剧作品。勃朗宁后期作品概述。阅读:《皮帕之歌》《名誉的污点》。

三、伊丽莎白·勃朗宁

她天赋的性质。婚姻与书信往来。社会关怀。阅读:《梅公爵夫人之歌》《杰拉丁夫人的调情》《失落的凉亭》《孩子们的哭声》《死去的潘神》《一件乐器》《葡萄牙十四行诗》。

四、卡莱尔

生平与个性。卡莱尔与简·韦尔什（Jane Welsh）。卡莱尔与弗劳德（Froude）。早期影响。在德国的学习经历。写作风格。阅读：《旧衣新裁》《约翰·斯特林》。

作为道德家和社会改革家的卡莱尔。与宪章运动的关系。他的政治观点。阅读：《宪章运动》《过去与现在》《英雄与英雄崇拜》。

作为历史学家和评论家的卡莱尔。历史研究方法。与麦考利的比较。阅读：《法国革命》。

五、约翰·亨利·纽曼

他的气质与其宗教信仰转变的关系。与"牛津运动"的关系。加入罗马天主教会的原因。他的思想。文风。阅读：《辩白书》《大学的理念》。

六、狄更斯

他伟大的原因。与早期小说家和幽默作家的比较。他作品的发展。情节与情境。考察他创造的若干人物。影响，尤其是在俄国。阅读：《匹克威克外传》《大卫·科波菲尔》《荒凉山庄》。

七、萨克雷

与狄更斯对比。教育。对其风格的影响。讽刺与情感。人物塑造。历史小说。社会小说。与其他小说家处理类似题材的比较。阅读:《埃斯蒙德》《名利场》《潘登尼斯》。

萨克雷作为批评家和散文家。阅读:《英国幽默作家》《四乔治》《迂回集》《诗集》。

八、乔治·艾略特

生平与个性。她的人生哲学:道德观。悲剧精神。考察她笔下一些人物。艾略特、萨克雷和狄更斯作为他们所处时代的代表。阅读:《教区生活场景》《罗摩拉》《弗洛斯河上的磨坊》。

九、马修·阿诺德

散文:英国文学批评综述。法国对阿诺德的影响。阿诺德作为品味的引导者。《批评文集》的重要性。

阿诺德作为道德家。他对社会的看法。与卡莱尔和爱默生的比较。对基督教的态度。阅读:《批评文集》《文化与无政府状态》。

诗歌:挽歌精神。创作技巧。情感特质。古典品味。克制。阅读:《吉普赛学者》《拉格比教堂》《多佛海滩》《十四行诗》《大卡尔特修道院诗章》《海涅之墓》《特里斯坦与伊索尔德》《埃特纳火山上的恩培多克勒》。

十、次要小说家

迪斯雷利：他的小说与政治生涯的关系。阅读：《康宁斯比》。

皮科克：讽刺与机智。皮科克作为梅瑞狄斯的先驱。阅读：《噩梦修道院》《鲁莽堂》。

查尔斯·里德：历史小说。社会改革小说。阅读：《佩格·沃芬顿》，或《修道院与家庭》《改过不嫌晚》。

特罗洛普：乡村社会小说。与简·奥斯丁比较。阅读：《巴彻斯特大教堂》。

十一、勃朗特姐妹

三姐妹作品的比较。与简·奥斯丁和乔治·艾略特的比较。阅读：《简·爱》《呼啸山庄》《雪莉》。

十二、乔治·博罗

博罗在文学史上的独特地位。他古怪的个性。关于吉卜赛人生活的小说。他与"流浪汉小说"的关系。作品质量参差不齐。阅读：《拉文格罗》《吉卜赛绅士》《圣经在西班牙》。

十三、罗斯金

生平与个性。罗斯金作为艺术评论家的作品。他对艺术中道德价值的强调。英国艺术批评综述。罗斯金作为评论家的伟大之处与局限性。对透纳绘画的赞赏。阅读:《威尼斯之石》、《现代画家》(选段)、《美术讲座》(选段)。

罗斯金作为文体家。他写作水平的参差不齐与非凡的卓越之处。布朗内尔（W. C. Brownell）论罗斯金的文体。

罗斯金作为道德家与社会改革家。与卡莱尔的比较。阅读:《直到最后》《野橄榄花冠》《尘世的代价》。

十四、爱德华·菲茨杰拉德

离群索居。学术造诣。作为翻译家的优点。对莪默·伽亚谟两个译本的比较。他的散文作品。书信。阅读:《鲁拜集》《欧弗拉诺》。

十五、乔治·梅瑞狄斯

影响因素。文风的独创性与晦涩性。梅瑞狄斯作为评论家和散文家。阅读:《论喜剧》。

梅瑞狄斯作为诗人。诗歌技巧。他的十四行诗系列与勃朗宁夫人等人的比较。阅读:《现代爱情》《山谷里的爱情》。

梅瑞狄斯作为小说家。机智与警句。精彩的对话。讽刺手法。女性人物刻画。阅读:《理查德·弗维莱尔》《博尚的生涯》《惊人的婚姻》。

十六、回顾

对维多利亚时代早期和后期文学的看法。

大纲下面还有详细的参考书目。艾略特在给姐姐的信中非常得意地说:"我为工人阶级开设的文学课程非常成功,我对这项工作充满热情。这些人,每周一次听我讲课,讨论问题,还写论文,**他们非常渴望提升自己,尽管这门课对改善他们的生活没有半点帮助。**"然后他说,他觉得这样的情况在美国很少见,因为表面上美国教育普及程度很高,但是,因为

几乎任何人都能如此轻易获得所谓大学教育,所以教育也就不那么受重视了。一个为了"读完大学"拼命努力的年轻人,毕业后往往又为了赚钱累死累活。人应终身学习的观念在美国和英国较富裕阶层中都很少见。**但我的工人阶级学生们是完**

全没有任何功利之心地致力于学习和思考的。[14]

由于是在战争年代，学生中男性很少，艾略特课上的学生大多数是小学女教师，她们下班以后才能来上课。艾略特喜欢在给亲友们的信中描述他的学生们，有些后来都成了他诗歌的素材。他在授课期间的一封信中说："我已经带领他们研读了勃朗宁（他激起了大家极大的热情）、卡莱尔、梅瑞狄斯、阿诺德的作品，现在正在引导他们研读罗斯金的作品。目前男性工人不多，只有一名非常聪明的杂货商，他会在柜台后面阅读罗斯金的作品；他们中的大多数是女性小学教师，**她们白天一整天非常辛苦地要教很大一个班的行为乖戾的孩子，但晚上仍满怀热情地来汲取文化（我希望这是受我个人魅力的激发）**。我坐在桌子的一头，A太太和B太太分坐在我两侧。她们俩都有点疯疯癫癫的。A太太是个唯灵论者，还要给我进行心理治疗来治我的感冒。她为一份名为《超人》的报纸撰写关于新神秘主义之类的文章，还拿给我看。B太太给我写信，以'亲爱的老师、哲学家和朋友'开头，她的专长是占星术和政治。她已经写

---

[14]《艾略特书信集·一》，pp.182–183。

了一篇关于我的人物分析（非常恭维），我真想寄给你看看；她还花时间给内阁大臣们写信。不过，在我看来，在现在的时代她并不比社会上绝大多数人更疯狂。班上其他的人都很理智，其中一些人极其聪明。"[15]

艾略特与威廉斯的比较

我们从上面的艾略特课程大纲可以看出，他的课程内容与威廉斯《文化与社会》的内容有相当多重合之处，例如卡莱尔、阿诺德、纽曼、罗斯金、莫里斯以及狄更斯、乔治·艾略特等人及其作品都是他们共同讨论的题目，但艾略特对文学和文本的关注度和敏感性显然更突出。在这方面，伊格尔顿批评威廉斯文本分析能力弱是有道理的，"因为对文本的深入分析，尤其是对诗歌的分析，从来不是他（威廉斯）的强项"。他尤其批评威廉斯的"《乡村与城市》则把文学纯粹当作社会记录。书中一度引用了19世纪二流作家詹姆士·汤姆森的诗句，却没有提及最明显的事实，即这些诗句是多么残暴。事实上，威廉斯对文学评价越来越敌视"，[16]这都是

---

[15]《艾略特书信集·一》，p.185。
[16] 伊格尔顿：《文学批评的革命者》，第297页。

很有见地的,这种"把文学纯粹当作社会记录"的错误尤其是左翼学者最容易犯的。而这样的错误艾略特绝不会犯。对于艾略特,文学本身永远是第一位的。我们再来看他另外那门每讲只有一英镑的"维多利亚文学二十五讲"课程,与威廉斯《文化与社会》的相似性更明显,但差异也更明显(参考对比威廉斯《文化与社会》的目录)。这门课程的完整课程大纲如下:

维多利亚文学二十五讲(1917)[17]

1. 导论:社会背景。

19世纪思想的塑造者

2. 历史与批评:卡莱尔。

3. 思想的对比:密尔与阿诺德。

4. 科学的影响:赫胥黎和斯宾塞的达尔文主义。

5. 艺术与经济学:罗斯金和莫里斯(艾略特给父亲的信中特别提到:最近因为我要讲罗斯金,还得研究经济学[18])。

---

[17] "A Course of Twenty-Five Lectures on Victorian Literature",《散文全集·一》,pp.587–588。
[18]《艾略特书信集·一》,p.195。

英国诗歌的发展

6.维多利亚诗歌的特点：一些比较。

7.丁尼生作为他那个时代的代表。

8.罗伯特·布朗宁和伊丽莎白·布朗宁：爱情与生活的诗人。

9.布朗宁和他的《男男女女》。

10.三位怀疑主义诗人：马修·阿诺德、爱德华·菲茨杰拉德、詹姆斯·汤姆森。

11.诗歌中的哲学：梅瑞狄斯。

12.前拉斐尔派运动：罗塞蒂和莫里斯。

13.自由诗人：斯温伯恩。

14.宗教信仰诗人：克里斯蒂娜·罗塞蒂、弗朗西斯·汤普森、莱昂内尔·约翰逊。

英国小说的发展

15.总体概述。

16.勃朗特姐妹及其在小说史上的特殊意义。

17.狄更斯及其笔下的社会人物类型。

18.萨克雷与社会讽刺。

19.金斯利和里德与社会改革小说。

20.乔治·艾略特。

21.梅瑞狄斯——身为小说家的评论家。

22.托马斯·哈代与现实主义。

维多利亚文学的旁支

23.吉卜赛标记：乔治·博罗、理查德·杰弗里斯等。

24.唯美主义：沃尔特·佩特和奥斯卡·王尔德。

25.荒谬派获奖者：爱德华·利尔、刘易斯·卡罗尔与轻体诗创作者。

我们从艾略特的书信中还可以看出，工人夜校的课程内容不是由老师单方面定的，而是可以由学生提出他们希望学习的内容从而与老师共同商定。艾略特第一年的"英语文学"课结束后，他告诉母亲说，班上学生提出希望下一年课程从美国的爱默生讲起，接着讲塞缪尔·巴特勒和威廉·莫里斯，然后是前拉斐尔派，等等。[19]果然，第二年课程大纲如学生所愿：

---

[19]《艾略特书信集·一》，p.216。

现代英语文学导修课程大纲（第二年，1917年）[20]

一、爱默生

当时新英格兰文学的特点。爱默生与英国文人的关系。他生活的社会环境。宗教和哲学背景：唯一神论和超验主义。

爱默生作为散文家的风格。他的超脱；与卡莱尔、阿诺德和罗斯金的对比。他思想的特质。阅读：《随笔集》《自然》和《生活的准则》。

爱默生作为诗人。阅读：《诗选》。推荐阅读：梭罗的《瓦尔登湖》；霍桑的《红字》；《美国伟大作家》（"家庭大学文库"系列）中的相关章节。

二、威廉·莫里斯

"前拉斐尔派"的最初动机和意义。与罗斯金的关系。莫里斯的生平与个性。他作为诗人的地位；对丁尼生的借鉴。他的中世纪风格。莫里斯作为民谣作家和叙事诗作家。阅读：《格内维尔之辩护》和《地上乐园》选段。

莫里斯对艺术的态度。他的实验；工艺美术运

---

[20] "Syllabus for a Tutorial Class in Modern English Literature, Second Year's Work"，《散文全集·一》, pp.589–593。

动的开端。阅读:《艺术的希望与忧虑》《建筑、工业与财富》《变革的迹象》。

莫里斯作为散文作家。他的散文传奇作品。阅读:《山之根》《闪光平原》。

莫里斯的社会哲学。共产主义。与罗斯金的比较。他对社会进步的独特贡献。阅读书目:《乌有乡消息》《约翰·鲍尔之梦》。

三、但丁·加布里埃尔·罗塞蒂

文学中世纪运动从罗斯金到罗塞蒂的转变。罗塞蒂是个人主义者和超脱的艺术家。气质。他对民谣形式的运用。阅读:《受福的少女》《白船》。

罗塞蒂作为诗人和画家。他的美学信条。阅读:《生命之屋》。

四、斯温伯恩

纯粹的浪漫主义者。与前拉斐尔派的关系。"异教主义"。他早期的态度。他对自由的鼓吹。他诗歌的优缺点。阅读:《诗歌与民谣选集》《卡吕冬的阿塔兰忒》《日出前之歌选集》。

斯温伯恩作为散文作家。与雪莱作为诗人的比较。

五、沃尔特·佩特

纯粹的唯美主义者:"为艺术而艺术"。他文风的特质;其精致性。他的小说、评论以及他的生活信条。他的影响。他对艺术的热情与罗斯金截然相反,尽管两人都反对工业主义。阅读:《文艺复兴研究》(尤其是结语部分)、《幻想的肖像》。

六、塞缪尔·巴特勒

一个孤独的人物,直到受到萧伯纳的热情赞扬才被关注。他古怪的人生经历。多才多艺:巴特勒因其进化论、社会讽刺作品、小说以及在他的"笔记本"中体现的对所有主题的观点而重要。思想完全独立。不推动任何政治、社会或文学运动。概述他与达尔文主义相悖的进化论。阅读:《生命与习惯》。

巴特勒的社会讽刺作品。他对萧伯纳的影响。他的机智。他的人生哲学。阅读:《埃瑞璜(理想乡)》。

巴特勒作为小说家。阅读:《众生之路》。

巴特勒对艺术、科学、文学、生活的批评。他作为讽刺作家的伟大之处。阅读:《笔记本选集》。另推荐:萧伯纳的《卡舍尔·拜伦的职业》《不合群的社会主义者》;吉尔伯特·坎南的《讽刺作品》。

七、罗伯特·路易斯·史蒂文森

文学爱好者。他作为散文作家的声誉。梅瑞狄斯的影响。他那一代人的特点：史蒂文森和亨利。他的文风以及作为小说家的地位。冒险小说：七便士小说的先驱，但写得更好；与上一代流行小说的比较。史蒂文森与短篇小说。阅读：《金银岛》《绑架》《马克海姆》。

史蒂文森作为散文家和书信作家。他的人生哲学。阅读：《维利马书简》《携驴旅行记》《少男少女》。

史蒂文森作为诗人。阅读：《儿童诗园》《诗集》。

八、"九十年代"

"黄皮书"群体的特点。沃尔特·佩特的影响。他们对生活的态度。一些代表人物：王尔德、欧内斯特·道森、莱昂内尔·约翰逊、奥布里·比亚兹莱、弗朗西斯·汤普森、叶芝和萧伯纳（其早期阶段）。"凯尔特运动"：叶芝、辛格、菲奥娜·麦克劳德。阅读：王尔德的《意图集》《认真的重要性》《瑞丁监狱之歌》；道森、约翰逊、汤普森、西蒙斯、叶芝、戴维森的诗选；辛格的《西方世界的花花公子》。

九、托马斯·哈代

哈代的悲剧观念：与希腊悲剧的比较。他小说中地方背景的重要性：研究环境和境遇对人物性格的影响。人与世界的关系；必然性与偶然性。现代小说和诗歌中的自然主义态度。从他的诗歌中可见的哈代哲学。阅读：《诗集》(选段)。

哈代作为散文大师。反讽、幽默的缺失。他的风格。情节与人物的关系。对一些主要人物的分析。阅读：《无名的裘德》《还乡》《卡斯特桥市长》。

十、结论

19世纪后期与前期的比较。自然主义态度的发展：科学的影响。社会主义和唯美主义的发展。宗教观念的变化。散文小说中的不同理想：来自欧洲大陆的影响。诗歌中的不同理想。

大纲后面依然是详细的阅读书目。这课有意思的地方是大纲同时保留了艾略特对学生作业的建议："建议那些对维多利亚晚期文学的某个特定方面特别感兴趣的人，围绕相关主题撰写三篇或更多论文。这样可以研究讲座中未直接涉及的作家，并进行有针对性的阅读。此类研究成果可能会形成适合在课堂上宣读的论文。"以下是一些艾略特给出的建议选题：

> 爱默生及其圈子（从爱默生、梭罗、霍桑等人的视角出发）。
>
> 文学中的社会主义（罗斯金、莫里斯、萧伯纳等人所表达的各种社会主义）。
>
> "为艺术而艺术"（对这种态度的评价，以佩特、王尔德、惠斯勒、亚瑟·西蒙斯为例）。
>
> 诗歌与散文中的中世纪影响（卡莱尔、罗斯金、莫里斯所表达的中世纪理想，或者莫里斯、罗塞蒂和爱尔兰诗人诗歌中的中世纪主题与风格）。
>
> 自然主义（约翰·戴维森的唯物主义观点，哈代的宿命论）。
>
> 凯尔特复兴（叶芝、辛格等人，民族主义与文学，凯尔特精神的定义）。
>
> 戏剧（萧伯纳、王尔德、辛格与都柏林的阿贝剧院，易卜生的影响）。

最大的受益者

我想我们不可能不对艾略特的工人夜校英语文学课程涉猎之广和阅读之多留下深刻印象。但我们现在或许可以问：艾略特下了那么大功夫给劳动人民上英语文学导修课，最大的受益者是谁？无疑，他的学生们肯定受益良多，尤其这些工人学生来上夜校不是为了拿学位，不是为了写论文，也不是为了申请项目，他们毫无功利之心，下班之后来读书完全只是为了提升自己的文化修养，因此必然比那些单为功利目的读书的收获更大。但另一方面，必须说，受益最大的正是艾略特本人。数十年后，在纪念工人夜校导修课程五十周年时，艾略特回忆说：虽然那时疲于奔命，但

> 我在课上很幸福，而且我必须承认，我要比我的学生们学了更多的英语文学，因为为了给学生们结结实实上好课，我不得不去读很多很多我早就应该读但以前从来没有读的书。[21]

我们在他的书信中也可以看出，他给劳动人民上

---

[21]《散文全集·一》，p.482。

英语文学课的过程正是他自己恶补英语文学的过程。有一次他给母亲写信说，最近有太多书要读，因为要讲自己不熟悉的内容，然后说班上有些老太太学问可深了，她们知道很多名人的私生活，例如这些名人上的什么学校，他们的哥哥又为什么破产，等等，说我哪知道这些呀，最后说他备课要讲乔治·艾略特，但他实在受不了乔治·艾略特。[22]但不到一个月再给母亲写信时，他说这两个星期为了上课都在恶补乔治·艾略特，然后说他很惊讶自己现在这么喜欢她的作品！[23]同期他在给表妹的信中大谈对乔治·艾略特以及萨克雷等英国作家的看法，例如说"梅瑞狄斯知道自己在做什么，但不幸的是他做的事不值得做，别读他"，又说巴特勒的《笔记》特别好，但"《众生之路》的作者不是艺术家，也没有文体意识，这本书也太长了"，等等。[24]毫无疑问，所有这些都是来自他给工人夜校上英语文学课时自己大量阅读的收获和领悟。

我们现在可以认为，艾略特研究界以往普遍忽视的一个问题是，人们公认艾略特在英语文学传统方面的

---

[22]《艾略特书信集·一》，p.249。
[23] 同上书，p.251。
[24] 1918年4月1日给表妹的长信，同上书，pp.258—260。

知识无比渊博，而他日后对英语文学传统的颠覆性"重述"或伊格尔顿所谓"重塑"是如此大胆，但很少有人问：艾略特在英语文学方面这么大的学问、这么足的底气是怎么来的，是什么时候积累的，又是如何积累的？我想现在可以很肯定地说，他给工人夜校上课的三年是他最密集阅读英语文学的时期，也是逐渐形成他对英语文学传统颠覆性看法的时期，他的底气来自这三年的沉潜。尤其他第三年的英语文学课程内容最可以看出与其日后文学评论和英语文学史观的直接关系。有趣的是，第三年课程的内容要求同样是由他的学生们提出来的。1918年复活节他完成第二年的课程后，连续给母亲的三封信都谈到下一年的上课问题。4月28日的信说两门课学生都希望他明年继续上，但"维多利亚文学"那个班一英镑一讲，他不想再上了，但另外那门已上两年课的班提出希望他讲"伊丽莎白时期的文学"，这个课他愿意上。[25] 5月10日的信说：去年冬天我所有的阅读都是为了课程，这个班的学生明年想学习"伊丽莎白时期的文学"，这要比我们之前学的所有内容都更让我感兴趣，对我也更有用，因为我一直想写关于这些剧作家的

---

[25] 1918年4月1日给表妹的长信，《艾略特书信集·一》，p.262。

文章，他们从未得到过恰当的评论。[26] 6月2日给母亲的信又汇报说：我在阅读和反复重读莎士比亚以及紧接他之后的诗人和剧作家的作品，明年上课要讲这个时期的文学，"我非常期待这门课，因为比起19世纪文学或英国文学的其他任何时期，我都无比地更喜欢这个时期"。[27]我们知道，这正是他日后颠覆性重新评价莎士比亚之后或17世纪以后英国文学传统的全部关键（贬低弥尔顿和英国浪漫派，高抬文学古典主义和所谓"形而上学派诗人"等）。他第三年英语文学课程大纲如下：

现代英语文学导修课程大纲（1918年）[28]

伊丽莎白时期文学

一、戏剧的最早形式

大众节日与宗教仪式。"礼拜式"戏剧。行会剧。"奇迹剧""道德剧"和"幕间剧"的区别。分析几个实例。它们独特的魅力及其基本的戏剧特征。阅读：《每个人》《亚伯拉罕与以撒》《第二

---

[26] 1918年4月1日给表妹的长信，《艾略特书信集·一》，p.263。
[27] 同上书，p.265。
[28] "Syllabus for a Tutorial Class in Modern English Literature"（1918），《散文全集·一》，pp.754–759。

个牧羊人剧》。

二、学术复兴

英国的文艺复兴及其对戏剧的影响。约翰·贝尔和海伍德。人文主义的影响并非总是有益的。对拉丁文学的研究：塞内加和普劳图斯。无韵诗的开端。固定悲剧和喜剧的发展。意大利的影响。阅读：《高布达克》或《佗伊斯》。

三、伊丽莎白时期的舞台

戏剧的受欢迎程度。莎士比亚时代的剧院：它们的建筑结构、观众、观众的特点和需求、演员及其生活。剧作家：他的任务和生活。不断将旧剧改编以满足当前需求。为何伊丽莎白时期的生活和思想在戏剧中得到了最充分的表达。阅读：贝克（G. P. Baker）的《莎士比亚作为剧作家的发展》的前几章。

四、基德：第一位重要的剧作家

他的《西班牙悲剧》分析。该剧极受欢迎。"血腥悲剧"。与《泰特斯·安德洛尼克斯》和《哈姆雷特》的比较。典型情节的首次出现。基德可能是《费弗舍姆的阿登》的作者，这是一部基于当代事件创作悲剧的独特尝试。为何这种现实主义风格没有更受欢迎？阅读：《西班牙悲剧》或《费弗舍姆的阿登》。

五、克里斯托弗·马洛

乔叟之后最伟大的诗人，莎士比亚之前最伟大的剧作家。关于他的生平所知情况。他的原创性。他在《帖木儿大帝》中的诗歌。他在《浮士德博士》中展现的才智：与歌德对同一传说的处理进行比较。

"编年史剧"的重要性。比较马洛的《爱德华二世》与莎士比亚的《理查二世》。

比较马洛的《马耳他的犹太人》与《威尼斯商人》。两位剧作家作品中的人物塑造。与处于最佳状态的莎士比亚相比，马洛戏剧诗的单调。阅读：《浮士德博士》《爱德华二世》《理查二世》，或《马耳他的犹太人》与《威尼斯商人》。

马洛的次要剧作：《迦太基女王狄多》。受马洛影响的两个人：皮尔（Peele）和格林（Greene），以及他们与马洛的关系。阅读：《詹姆斯四世》（格林作品）或《老妇谈》（皮尔作品）。

六、编年史剧

考察《约克公爵理查的真实悲剧》《理查三

世》《亨利六世》，寻找马洛、皮尔、格林和莎士比亚的创作痕迹。《亨利四世》作为莎士比亚的剧作。

七、尤菲伊斯体

约翰·利利的作品。《尤菲伊斯》(*Euphues*)和利利剧作的风格。其西班牙渊源；其受欢迎程度。对莎士比亚的影响。阅读：利利的《恩底弥翁》(*Endymion*)和莎士比亚的《爱的徒劳》。

八、莎士比亚

早期的莎士比亚及其与前述内容的关系总结。他作为改编者的作品；对他自身发展的价值。他早期的戏剧在哪些方面逊于或优于马洛的作品？他早期对素材的运用。阅读：《维洛那二绅士》或《错误的喜剧》。对这两部戏剧的批评。

成熟时期的莎士比亚。研究一部成熟的戏剧：《一报还一报》；其思想内涵与诗体运用。他早期的缺点及其消失。《李尔王》：与同名原著戏剧的比较。阅读：《一报还一报》。

晚期的莎士比亚。这些伟大的悲剧是否超出了舞台表演的可能性？兰姆对此问题的观点。莎士比亚晚年作品的特点。阅读：《科利奥兰纳斯》，或

《冬天的故事》，或《安东尼与克利奥佩特拉》。

莎士比亚与他时代的关系。

九、非戏剧诗歌

乔叟之后的英国诗歌。都铎王朝时期的诗歌及诗歌翻译：高文·道格拉斯、戈尔丁、《托特尔诗集》中的诗人们。萨里和怀亚特。无韵诗。作为诗人的马洛：他的《希罗与利安德》与莎士比亚的《维纳斯与阿多尼斯》之比较。阅读：马洛的《希罗与利安德》，第一歌。各种诗选中二流诗人的作品，尤其是阿伯编选的《萨里与怀亚特诗集》和《斯宾塞诗集》。

十、斯宾塞

法国和意大利的影响。他早期的诗歌。《新婚喜歌》。《仙后》；其所属类型。斯宾塞诗歌的局限性与独特优点。他在弥尔顿和丁尼生所处文学脉络中的地位。

十一、抒情诗与十四行诗

都铎王朝时期的歌曲与音乐。莎士比亚和坎皮恩的抒情诗。阅读阿伯编选的《莎士比亚诗集》选段。

十四行诗；其意大利起源。彼特拉克的受欢迎程度。十四行诗常见的矫揉造作之处。意大利十四行诗与英国十四行诗的差异。莎士比亚的十四行诗与斯宾塞、锡德尼等人的十四行诗之比较。阅读：《英诗金库》或《牛津英国诗歌选》中一些意大利十四行诗的译文。

本·琼森的抒情诗。向马韦尔、多恩等詹姆斯一世时期诗人的诗歌过渡。

十二、散文的开端

都铎王朝时期的散文。马洛礼的地位。伊利奥特和其他人文主义者的作品。英国散文是如何发展起来的：神学著作、游记、历史著作的影响。爱德华六世时期的祈祷书。福克斯。

十三、锡德尼与雷利

这两位朝臣的生平。富尔克·格里维尔所著的《锡德尼传》。《诗辩》的重要性以及雷利的"复仇号之战"。一种新的散文体裁。阅读：上述两篇文章。

十四、伊丽莎白时代的传奇文学

小说的起源。为何其重要性不如戏剧，且发展不够成熟。利利、洛奇、锡德尼、纳什、格林及其作品。

十五、蒙田

蒙田的生平：他在法国文学和英国文学中的重要地位。他对伊丽莎白时代英国的影响。对莎士比亚的影响。约翰·弗洛里奥（John Florio）的译本。首位随笔作家。其他重要译本：霍兰翻译的普鲁塔克作品。阅读：弗洛里奥译本中的几篇蒙田随笔。

十六、培根

他的生平。作为哲学家的重要性。他的英文散文《学术的进展》。其《随笔集》与蒙田的相比。培根之后哲学散文的发展。胡克的作品。对从培根到霍布斯时期散文的概述。托马斯·布朗爵士。阅读：培根的精选随笔，布朗的《医生的宗教》。

十七、本·琼森

与其他所有剧作家的不同之处。他在英国文学中的巨大重要性。他的博学以及关于戏剧的理论。《人人高兴》的趣味性。他的讽刺能力。与莫里哀的比较。当时的纷争。

琼森对历史悲剧的看法。《西亚努斯》和《卡提林》。它们不如他的喜剧：《福尔蓬奈》《炼金术士》《安静的女人》。他的非戏剧作品。

琼森戏剧的结构。阅读：《福尔蓬奈》，或《炼金术士》，或《巴托罗缪集市》。

十八、后期戏剧

莎士比亚的影响。查普曼、德克、海伍德和米德尔顿各自的优点。莎士比亚之后戏剧的发展与衰落。博蒙特和弗莱彻的才华总体上在场景中比在完整剧作中展现得更好。莎士比亚最伟大的追随者无疑是约翰·韦伯斯特。他处理恐怖情节的技巧；他诗歌的优美。这些剧作家每人都能出色地处理某些类型的情境。福特的作品。每位后期剧作家都有独特之处，在他们的作品中，英国无韵诗达到了巅峰。阅读：韦伯斯特的《马尔菲公爵夫人》，福特的《破碎的心》，博蒙特和弗莱彻的《少女的悲剧》和《燃杵骑士》。

我们知道，艾略特被公认为20世纪最伟大的英语诗人，也是影响最大的文学批评家（以后的后现代文学界与艾略特的幽灵搏斗了几十年）。他诗人的地位是在1922年发表《荒原》以后才逐渐奠定的，在此之前艾略特虽然也发表了一些诗，但他在文坛崛起首先是以其文学批评的影响奠定的。我们可以注意，他所有最重要的文学批评及其英语文学史重估都是1919年以后发表的，而他给工人阶级上英语文学课的三年是1916—1918年，随后1919年是他发表最重要文章的井喷期，当年连续发表的文章都与他的工人阶级英语文学课的内容有直接关系：《克里斯托弗·马洛》《哈姆莱特》《本·琼森》《修辞与诗剧》《作为批评家的斯温伯恩》，以及最重要的《传统与个人才能》（此文从前错标为1917年，实际是1919年发表的）。[29] 我们可以很确定地说，艾略特后来影响巨大的文学批评及其英语文学史重估首先是他三年工人阶级英语文学课的成果。这是值得大书特书的。

我在前面说过，本书所谓"返回"，不仅是指返回威廉斯的《文化与社会》，更是指通过"左翼利维斯派"而进一步"返回"艾略特。我想在最后指出，艾略特先知先觉，是最早意识到大学的异化和学术的异化之危险的人。事实上，他是放弃了大学教职才"沦落"到每天打工14小时又教中学又教小学又教夜校谋生的。他本是哈佛大学哲学系最被看好的博士生，1916年在英国牛津大学完成了提交给哈佛哲学系的博士论文，获得教授们的高度评价并一直希望他尽早回哈佛答辩后在系里任教。但

---

[29] 所有这些文章现都按发表时间顺序收入《散文全集·二》，1919年部分。

他以战争时期无法跨洋回美（部分也是实情）而不断拖延，一直到战后哈佛仍在争取他回母校任教，同时1920年剑桥大学英语系最大的愿望就是希望艾略特加盟剑桥英语系，如理查兹所说他们当时都不知道哈佛助理教授职位一直在等艾略特，实际上，艾略特已无意就职任何大学，因为他对大学的看法并不比他对中产阶段中小学的看法更好。理查兹自己也打趣地说，他后来想，如果艾略特真去了剑桥大学，很可能就没有以后的"诗人艾略特"了。[30]

艾略特在1916年以一篇匿名书评的方式表达了他对大学特别是美国大学体制的不以为然，我愿引用此文来结束本文：

> （该书作者）揭露了美国教育的一些根本缺陷，以及美国文学不景气的一些原因。他真实地描绘了美国的研究生，即未来的博士的形象：**他们在知识上的专业化，他们在无知上的膨胀，他们筋疲力尽的乏味，**他们多年的苦熬以及他们的最高成就——

---

[30] I. A. Richards, "On T. S. E", in *T. S. Eliot: The Man and his Work*, Edited by Allen Tate, The University of the South, 1966, pp.7–15.

博士论文。

嗨，切勿以为这种为撰写论文的准备和所谓原创学术研究是困难的。如果你愿意，可以说它装腔作势、貌似有理、云山雾罩、似有密码而神神鬼鬼，但其实没有半点难度。

这种劳作对智力的发展是致命的。它碾碎了创造力，绞杀了文风。这些所谓"原创成果"中，很少，很少很少，有写得好的甚至有可读的。

这幅图像简直就是对当代西方文化左派学术体制的写照！但也是今日任何所谓"做学术"或"做项目"者的可能陷阱。愿每个真正以思想文化为生的人都以此为镜。

谨以此序纪念艾略特（T. S. Eliot，1888—1965）去世六十年。

甘阳

2025年端午

目　录

译者前言 …………………………………………………………… 1
年代简表 …………………………………………………………… 11
前　言 ……………………………………………………………… 13
导　论 ……………………………………………………………… 15

第一编　十九世纪传统 …………………………………………… 23
　第一章　对比 …………………………………………………… 23
　　　　　一、伯克与科贝特 ……………………………………… 23
　　　　　二、骚塞与欧文 ………………………………………… 45
　第二章　浪漫派艺术家 ………………………………………… 59
　第三章　穆勒论边沁与柯尔律治 ……………………………… 81
　第四章　卡莱尔 ………………………………………………… 107
　第五章　工业小说 ……………………………………………… 127
　　　　　《玛丽·巴顿》(1848)　盖斯凯尔夫人 ……………… 127
　　　　　《北方与南方》(1855)　盖斯凯尔夫人 ……………… 132
　　　　　《艰难时世》(1854)　狄更斯 ………………………… 133
　　　　　《西比尔，又名两国记》(1845)　狄斯雷利 ………… 138
　　　　　《奥尔顿·洛克》(1850)　金斯利 …………………… 142
　　　　　《费立克斯·霍尔特》(1866)　乔治·艾略特 ……… 145
　第六章　纽曼与阿诺德 ………………………………………… 154
　第七章　艺术与社会 …………………………………………… 178

1

本书所讲授的《文化与社会》中译本
（北京大学出版社，1991年）目录页

第二编　中间时期 ⋯⋯⋯⋯⋯⋯⋯⋯⋯⋯⋯⋯⋯ 213
　　一、马洛克 ⋯⋯⋯⋯⋯⋯⋯⋯⋯⋯⋯⋯⋯⋯ 214
　　二、新美学 ⋯⋯⋯⋯⋯⋯⋯⋯⋯⋯⋯⋯⋯⋯ 219
　　三、吉辛 ⋯⋯⋯⋯⋯⋯⋯⋯⋯⋯⋯⋯⋯⋯⋯ 228
　　四、萧伯纳与费边主义 ⋯⋯⋯⋯⋯⋯⋯⋯⋯ 237
　　五、国家的批评者 ⋯⋯⋯⋯⋯⋯⋯⋯⋯⋯⋯ 245
　　六、休姆 ⋯⋯⋯⋯⋯⋯⋯⋯⋯⋯⋯⋯⋯⋯⋯ 251

第三编　二十世纪的见解 ⋯⋯⋯⋯⋯⋯⋯⋯⋯ 259
　第一章　劳伦斯 ⋯⋯⋯⋯⋯⋯⋯⋯⋯⋯⋯⋯⋯ 259
　第二章　托尼 ⋯⋯⋯⋯⋯⋯⋯⋯⋯⋯⋯⋯⋯⋯ 279
　第三章　艾略特 ⋯⋯⋯⋯⋯⋯⋯⋯⋯⋯⋯⋯⋯ 294
　第四章　两位文学批评家 ⋯⋯⋯⋯⋯⋯⋯⋯⋯ 314
　　一、理查兹 ⋯⋯⋯⋯⋯⋯⋯⋯⋯⋯⋯⋯⋯⋯ 314
　　二、利维斯 ⋯⋯⋯⋯⋯⋯⋯⋯⋯⋯⋯⋯⋯⋯ 325
　第五章　马克思主义与文化 ⋯⋯⋯⋯⋯⋯⋯⋯ 338
　第六章　奥韦尔 ⋯⋯⋯⋯⋯⋯⋯⋯⋯⋯⋯⋯⋯ 362

结　　论 ⋯⋯⋯⋯⋯⋯⋯⋯⋯⋯⋯⋯⋯⋯⋯⋯ 374
　　大众与群众 ⋯⋯⋯⋯⋯⋯⋯⋯⋯⋯⋯⋯⋯⋯ 376
　　大众传播 ⋯⋯⋯⋯⋯⋯⋯⋯⋯⋯⋯⋯⋯⋯⋯ 379
　　大众观察 ⋯⋯⋯⋯⋯⋯⋯⋯⋯⋯⋯⋯⋯⋯⋯ 384
　　传播与共同体 ⋯⋯⋯⋯⋯⋯⋯⋯⋯⋯⋯⋯⋯ 391
　　文化与生活方式 ⋯⋯⋯⋯⋯⋯⋯⋯⋯⋯⋯⋯ 398
　　共同体观念 ⋯⋯⋯⋯⋯⋯⋯⋯⋯⋯⋯⋯⋯⋯ 406
　　一个共同文化的发展 ⋯⋯⋯⋯⋯⋯⋯⋯⋯⋯ 410

后　　记 ⋯⋯⋯⋯⋯⋯⋯⋯⋯⋯⋯⋯⋯⋯⋯⋯ 417

导 论

超越西方文化左派

本文是作者2006年6月27日在华东师范大学举办的"全球化文化生产条件下的中国文学研究"研讨会与讲习班开幕式上演讲的记录整理稿。曾收入《文明·国家·大学》一书(生活·读书·新知三联书店,2012),此次出版作者对文字又进行了修订。

今天的讲座我主要讲两个问题：一、对于全球文化生产体制的看法；二、全球文化生产体制与西方文化左派的关系。

不管全球文化生产体制是什么东西，我们要打破它都是十分困难的。我们很难将它界定为不好的，全球文化生产体制恰恰是非常有吸引力的。我们要进入具体的机制中去讨论它。比如说：拿奖学金，到西方国家去留学，做访问学者，出席国际会议，进行国际出版，等等，都十分有吸引力。因而可以说，抽象层面的文化殖民主义，在个人的层面上却是好的，能够增进文化交往。其最大的特点在于，全球文化生产体制不是一个强制机构，而是"姜太公钓鱼，愿者上钩"。它是一种软权力（soft power），如文化研究中葛兰西所谓"hegemony"，也就是我们翻译的"霸权"。当然这一翻译导致了很多误解。葛兰西是相对于强制力（coercion）讲的，"hegemony"让人心悦诚服、心甘情愿。我们翻译成"霸权"则与"霸道"有关，而葛兰西的"hegemony"几乎是"王道"。中国"王道"的说法不是无意义的。因为任何现实政治都是"王""霸"相糅的：也就是一方面是暴力强制机制，如警察、法院、监狱等；另一方面是文化上的、甜蜜的"hegemony"，这样的机制才是事实上存在的。将学术上的套话还原为日常语言解释，就是美国"胡萝卜加大棒"的政策，或者如毛主席所说的"一手抓枪杆子，一手抓笔杆子"。以美国与跨国资本为主导的全球化秩序，分为强制性部分（如攻打伊拉克等军事斗争）、软性部分和介乎软性与硬性之间的部分。因而，全球文化生产体制恰恰是由十分吸引人的、甜蜜的部分组成的，这才是令人十分困扰的地方。

我要在这里强调两点。第一，作为美国—世界秩序的一部分，严格意义上讲，全球文化生产体制只有十五年左右的历史，是冷战结束以后的产物。关于全球化起点的讨论有很多，"世界体系理论"认为从16世纪开始，如弗兰克的《白银资本》[*]，但这类论述非常可疑。他们完全否定文化的意义，一切以经济结构为考量。在弗兰克这些人眼里，中国几千年建立起来的文化观念、生活方式完全没有意义。另外，全球化理论还有17世纪起点说、18世纪起点说、19世纪起点说，但这些似乎都

---

[*] 指 Andre Gunder Frank 于1998年出版的著作：*ReOrient: Global Economy in the Asian Age*。——编者注

造成一种印象：全球一体化是必然的、不可阻挡的。这种历史必然性观点其实妨碍了另外的可能：如果不同文明各走各的路，是不是更好？是不是文化多元、世界多元应该会更好？我们现在却只有最简单的模式，前提也是框定的。我以为，对中国大陆来说，目前的全球文化生产体制只有十五年，因为中国1990年代以后的文化、思想、教育，与以前是完全不同的。1980年代以前，中国不在全球文化生产体制之中；而90年代则是加速度地进入全球文化生产体制，但短短十五年，很多人似乎已经觉得这是自古以来天经地义的事情。

从这个角度来看，新加坡及中国港台地区卷入全球文化生产体制的过程已经有半个世纪，成为了体制的一部分，因而它们没有这样的问题意识，如同呼吸一般自然。大学教授在西方拿学位，用英文写作论文，在西方刊物上发表，似乎这是唯一的文化可能，我工作的香港大学亚洲研究中心就完全是西方的一部分。但中国大陆却完全不同，我们和全球文化生产体制的关系只有十五年。这方面，日本就比较特殊。日本虽然是西方的一部分，受到笼罩性的影响，但是文化上相对较有自主性，其学者大都在日本接受完整的教育，而且基本用日语写作，他们在文化学术上相对自成一体。中国应该更多地研究日本、参考日本。香港的学者在英国的大学拿学位，却不研究西方，只研究本地区，其中第一大领域就是中国研究。在全球文化生产体制形成之后，大家都不知道彼此在研究什么，因为香港学术研究的审批权在英国、美国，香港根本就没有学术共同体，是横向地、专业化地切割的。中国大陆和全球文化生产体制的关系目前比较浅，但这可能产生双重性格：一方面希望避免文化殖民主义，另一方面又特别想进入全球文化生产体制，没有进入其中就特别自卑。基本上，中国大陆1990年代以后就在进入全球文化生产体制之中，经济和文化都具有高度依赖性。不过最近几年中国科技界有了自主发展的倾向，因为他们发现：凡是受西方控制的重要领域的核心技术，中国反而发展得比较好；相反能够从西方直接买来的，我们的水平却停滞不前甚至"溃不成军"，这样的问题意识很普遍。短期之内需要很强的文化自我意识才有可能改变这种状况，现在的文化意识还十分弱。

第二，突破的困难还在于全球文化生产体制带来的思维方式的改变和问题的开展点上，特别是对时间和空间概念的改变。我们常常说"空间压缩了时间"，这确实是强有力的问题。举社会理论来说，西方经典社会理论本来是建立在时间架构上的,就是"从传统到现代"的架构,现在完全改变了。现在好像都没有传统与现代的问题了,全世界都是同时代人,都同样的现代,同样的后现代,具备同时代性。这是一个很有吸引力的说法。西方从事人文社科的学者特别是西方文化左派很高兴,因为现在似乎大家都平等了,西方和非西方都平等了,不像从前那样把非西方看成落后的,似乎这样就克服了西方中心主义;非西方的人也十分满足高兴,非西方和西方都"同样现代"了。世界上所有的事都同步发生,全球同时进行,似乎体现了所有民族和地区的平等性。但是带来的问题十分严重,各国家、各地区整体的历史经验都被切割掉了,导致了对自身历史经验的摒弃。长此以往会极大程度地扭曲、掩盖不同的历史经验、历史处境,这些恰恰是需要重新审视的。尤其现在的青少年文化,和语言完全不相干,动作等完全一样,全球像一家人。但这恰恰造成了历史的中断,掩盖了历史的具体过程。

因此,我提出"以时间对抗空间",可能对我们的文化研究会有所帮助。这次来开会,让我想起了1994年的人文精神大讨论,而1994年的讨论又让我想起了80年代的大讨论,80年代的大讨论又让我想起了晚清、

"五四"的大讨论，其一直贯穿的核心问题就是如何看待中国文化。1994年的人文精神大讨论是一个重要事件，现在要重新回过头来思考：十年甚至五年之前我们都在思考一些什么问题？这是抵抗全球文化生产体制的重要方式，即使把所有的经验都抹掉了，最后仍然逃避不了自己的历史经验。

西方的所有理论同样要放入历史脉络中讨论它们的来龙去脉。今天和明天我都会讲雷蒙德·威廉斯的《文化与社会》，这本经典著作处理了非常长的历史经验：1780—1950年的英国文化，他的问题意识和做文化研究的方式都值得我们学习。从他的访谈中可以知道：这本书从1948年写作到1958年出版共花了十年，因为1948年艾略特出版了《关于文化定义的札记》，还获得了诺贝尔文学奖，雷蒙德·威廉斯正是受到艾略特的影响。而艾略特的书也正是在回应利维斯1930年的一本小册子《大众文明与少数人文化》。雷蒙德·威廉斯把利维斯的1930年和艾略特的1948年往前推，一直推到1780年。我要把这本《文化与社会》作为一个中间环节，回到历史的现场去看来龙去脉。问题可能是，人家确定了哪些问题是重要的，但那是从别国的历史处境中生发的，对于我们可能就是一个假问题。现在有个流行的说法：80年代中国非常的西化，90年代中国开始注重自身的问题。我的看法恰恰相反，80年代虽然表面上非常西化，却是在中国大陆自身文化脉络中生发的中国问题；90年代表面上的中国研究，恰恰已经越来越成为西方主导的全球文化生产体制的一部分。不要以为专注中国就是反对全球文化生产体制，这是一个陷阱。恰恰90年代以后中国研究受西方汉学的影响十分明显。整个20世纪中国始终在研究并选择西方的理论，但一直到1980年代，中国主要是从自身经验出发去选择，而1990年代以后，恰恰走向为接轨而接轨，日益失去了自己的问题意识。中国只有立足于自己的历史经验，才能够比较容易跳脱全球文化生产体制。"文化生产"本身就已经是全球文化生产体制的概念，背后蕴含了很多关于文化和文学的概念，几年前我们还不使用这个词，现在我们要追问的是：这些词如何而来？

现在我进一步提出这样一个问题：全球文化生产体制与西方文化左派的关系。

全球文化生产体制实际主要由西方文化左派打造。我们来检验一下：我几乎可以断定你们大家现在读的所有书皆是西方左派著作，而从来不读西方保守派的书。

全球文化生产体制的核心机制是大学的教学科研体制。20世纪六七十年代以后，整个西方人文学界处于西方文化左派的笼罩之下。不仅仅是学院，西方文化左派的基本主张还体现在商品设计之中。比如一个著名的例子"芭比娃娃"，本来是按照白种人设计的，但是现在设计成各种肤色的芭比，让人不能忍受。另外如李安的同性恋电影，同性恋在美国是保守派和左派纷争的领域。我们需要追问：全球文化生产体制与西方文化左派是什么样的关系？表面上是经常在批判，实质上却是共谋的关系，问题非常的复杂，很难做简单的断言。我这里讲的西方文化左派，主要指的是六七十年代学生运动之后形成的，在八九十年代弥漫并成为不可挑战的主流的西方文化左派。我们要追问：到了现在，悖论的是，西方左派越批判资本主义，资本主义就越厉害，越不受约束，这是左派和右派共同造成的。70年代西方左派攻击并想要消灭福利国家，而福利国家是劳资调和的产物，是国家作为仲裁者保护劳方的一整套机制。中国大陆改革发展的大背景是美国的新自由主义以及福利国家所实行的里根—撒切尔的经济改革，它们造成了野蛮的自由主义。西方文化左派变成了西方中心最强力的一部分，很多问题都需要检讨。我们对全球文化并不能太乐观，需要追问实际发生了什么，我个人有很多怀疑的地方。美国先锋杂志《界限2》(Boundary 2)的主编和我谈到：原先西方左派认为美国老百姓因为不知道美国是帝国所以支持美国政府，如果他们知道美国走向帝国主义也会反对的；但他们在伊拉克战争后感觉，现实是完全相反的，就算美国老百姓知道美国对外的不正义也仍然支持美国政府。我只能说天真的不是美国老百姓，而是这些西方文化左派本身。

我今天着重讲西方文化左派的问题，特别是英国文化左派中关键性的人物雷蒙德·威廉斯，我感兴趣的是，把他放入西方文化左派的脉络中考察。现在文化研究中有些很流行的说法和错误，例如说：法兰克福学派是精英主义的，而英国文化研究是重视大众文化的。这说法不完全错，但历史背景完全没有了。首先，当年法兰克福学派的争论对手是谁？他们强调批判大众文化的历史背景是什么？阿多诺等当时主要是批判美国文化，他们批判大众文化的对手主要在美国，是美国主流的社会学家。我们要想这样一个很反讽的倒转：20世纪四五十年代的时候，美国保守派捍卫、辩护大众文化，西方左派特别是法兰克福学派是批判大众文化的；而到了80年代后则全部倒转过来了，西方左派为大众文化唱赞歌，西方保守派则批判大众文化。这里面到底是什么问题？需要讲一下英国的情况，实际上50年代的雷蒙德·威廉斯、霍伽特等英国左派和法兰克福学派一样根本上是批判大众文化的。只不过今天的文化研究基本上是伯明翰第二、三代的观点，他们实际已经完全背叛了威廉斯和霍伽特当年的路线，却仍然举着他们的旗帜。霍伽特《识字的用途》原先的题目是《文字的滥用》，分为两个部分：被大众文化败坏以前和以后的工人阶级的文化，放在英国工人阶级的历史文化背景中，批判大众文化实际就是批判美国化，批判美国式大众文化败坏了英国工人阶级。我们不去考察这些早年的文化研究，而盲目照搬现在流行的文化研究理论，就会有很多的问题，而全球文化生产体系最大的问题就是使人相信"最新的理论就是最好的"，实际情况很可能是，最新的理论是最糟糕的！

现在做文化研究的，往往表面上高抬雷蒙德·威廉斯、汤普森、霍伽特三人，但这恰恰模糊了很长时间以来这三个人都被年轻的西方新左派所批判。现在英国的文化研究强调自己的传统，似乎是从威廉斯一脉相承下来的，这恰恰模糊了他们之间非常严重的分歧。雷蒙德·威廉斯等实际强调英国文化研究发端于20世纪三四十年代开始的英国劳工教育，也就是后来全球通用语言所说的"成人教育"。我们知道，雷蒙德·威廉斯的这本书是为英国劳工教育所写，在工人夜校里教授。在劳工教育方面，英国和美国的传统很不同，英国大学中的工人教育委员会当时非常发达。而今天的文化研究高度的学院化，违背了文化研究的初衷，因而雷蒙德·威廉斯强调文化研究是在三四十年代的工人教育中开创的。如果英国的文化研究是从劳工教育开始的，那么对于我们今后的文化研究有什么样的启示？我想启示或许就在于，中国的文化研究不应该那么学院化，而是应该到大学以外，应该到工人职业技术学院去，给工人教书，给农民工教书。

当时雷蒙德·威廉斯正是写书给英国工人阶级讲授文学，教授英国文学在英国是一个关键性的问题。《文化与社会》中谈到马修·阿诺德的背景正是"宪章运动"失败后大量工人阶级消失于无形的时候，但这就促使统治阶级考虑阶级调和的问题，要从教育方面把劳工纳入进来。这样一个运动就不仅是左派发起的，而是英国中上阶级和劳工阶级的妥协。这样就在1903年成立了劳工教育委员会，系统实行劳工教育。不同于美国的"职业教育"，英国劳工教育的内容是"文学教育"，由英国教育部直接拨款，主要针对劳工。这里也有两方面的困难，一方面缺少"职业培训"，另一方面缺乏工人阶级战斗性。一个教学点有一个大学的代表和一个工人教育委员会代表，队伍十分强大。但是50年代开始越来越"美国化"，越来越强调职业培训，等等。把大规模的劳工阶级整合到社会体制之中，这可以说是英国特有的阶级调和的一种手段，是比较成功的。反观中国有一两亿的农民工，谈"三农"问题我们也会遭遇教育问题。而我们能否假定：他们天生不喜欢人文教育吗？劳工是否只要面包教育？这些都是在英国三四十年代出现的问题。实际上劳工不仅要知识，更要超越性的知识。这些都有一个实践的过程，并且在所有国家都不是大问题，但在中国就是一个大问题，而我们还不知道如何去解决这些问题。

另外一方面，《文化与社会》这本书做了一个非常大的历史文化梳理工作，为了强调：第一，从工业革命以来，英国的保守主义和社会主义共享一套批评资本主义与工业主义的话语，即使后来路向不同。这本书对保守主义给予了高度评价，勾勒出一个共同的传统，正如1948年艾略特提出文化是一个整全生活方式。第二，威廉斯在书的结尾提出，他反对资产阶级文化与无产阶级文化的说法。文化对应的是一个语言共同体，而不是阶级共同体，这就带出了阶级文化与民族文化的关系问题，比如说英国工人阶级的文化与英国文化是一部分的关系还是没有关系。八九十年代后，文化的概念完全改变了。西方文化左派的出现改变了"左派""文化"和"西方"的含义。从前"左派"致力于建立公平合理的社会经济制度，现在则把全部精力集中到所谓文化上。我们要追溯他们的源头。

我希望中国文化研究分成两部分：一部分研究中国，一部分研究西方。要把西方的文化研究本身作为一个问题来研究，而不是简单地把他们的理论和概念拿过来就用。和雷蒙德·威廉斯后期调整适应第二、三代英国文化研究者的观点不同，霍伽特后期对伯明翰的走向不以为然，始终认为伯明翰中心不以文化研究为中心十分可惜，隐含了对整个文化研究的路向转向大众文化是有保留和疑问的。雷蒙德·威廉斯强调保守主义和社会主义在工业批判方面有共同的遗产，在不同的变迁和移动中考察这个问题，他反对资产阶级文化/工人阶级文化的说法。50年代和80年代的文化论战倒转了：50年代的问题是如何评价大众文化，有问题的是大众文化；80年代则反过来了，大众文化没有问题，批判的是高级文化的正当性。西方文化左派基本瓦解了高级文化的正当性，但在西方尚且有保守派的牵制和辩论，而到了中国就"一边倒"。今天的会议让我想起了1994年关于人文精神的辩论，可以说是80年代知识分子文化热的终结，到了现在基本上已经是"文化投降主义"：只要是大众的就是好的，丧失了批判力。对西方文化左派的检讨，同时涉及20世纪以来对中国文学文化的检讨，特别是延安文艺座谈会，以及新中国成立以来整个中国的文艺、文化。抛开西方文化建构的细致、细腻的理论，从倾向上讲，西方1970年代以后的讨论实际重复了中国1950年代提出的很多基本问题：如人民性的问题、文学要从政治标准来讨论等，并且渗透到所有的领域之中。这段历史需要重新检讨。要跳脱冷战意识形态的陷阱，全盘否定或者全盘肯定都是不对的。从中国整个20世纪来看，大众、民间本来有很强的正当性，要把下层人民纳入进来。

我特别强调雷蒙德·威廉斯1958年反对以阶级文化作为对抗，并认为文化有两个意思：一是文学、艺术、建筑等，另一个是整全生活方式。他认为工人阶级对后者有很重要的贡献，要求的是一个文化作为整体生活方式，语言共同体作为一个最大的基准。70年代以后很大的一个变化是：文化成为互相斗争的工具。我们没有整全文化，我们只有压迫的文化。文化不仅是对抗性的，并且是用来做阶级斗争、性别斗争、种族斗争的武器。我们当然不能否认文化可以被挪用，但文化是否有调和人类矛盾的方面？雷蒙德·威廉斯认为文化是有调和的，而汤普森否认这种可能性，我们认为两方面都有。雷蒙德·威廉斯后来回应汤普森，坚持文化有不冲突的时候，有矛盾解决的时候，是一个相当强势的辩论。到70年代，高抬阿尔都塞、葛兰西是一个转折点，虽然他们后来被更时髦的理论更新，但为什么在70年代他们占据了一个重要的地位？相对于50年代雷蒙德·威廉斯等全部只谈英国经验，60年代英国《新左派评论》则要摧毁英国传统，全面介绍欧洲的葛兰西、阿尔都塞、福柯等人的理论，提出英国实现工业社会工人阶级生活改善后不再是工人阶级怎么办，在这个历史条件下全面检讨英国传统。第一，否定英国资产阶级革命，屈服于贵族，认为英国只有根深蒂固的保守阶级传统能够达到阶级调和。第二，探讨英国为什么会有这样强烈的保守主义传统，认为主要是由于英国没有葛兰西所谓"有机知识分子"，因此被教育、学校等机制收编进去，这时阿尔都塞、葛兰西的说法就显得特别有说服力，开始全盘否定汤普森的工作。这些都是西方内部的问题。汤普森等比较强调人民性，60年代引入葛兰西时强调知识分子的问题，80年代又转向重新批判知识分子，最后文化荡然无存，现在的文化研究其实出发点就是认为根本没有"文化"这回事，因为一切都是文化，一切也都不是文化。

我要追问：文化有没有高低之分？是不是老百姓喜欢的就是好的？不能否认，工人群众有好的也有不好的地方，但二十年来文化研究导致的是没有文化，都变成了商业推销，越来越低下。对西方而言尚且有保守派在平衡，而在中国像同性恋问题等都没有经过深刻地思索和讨论。这次选择讲《文化与社会》，中心问题是：到底什么是文化？文化有没有高低之分？几千年的文化究竟如何处理？它和我们现在的社会有没有关系？

细读《文化与社会》

本文是作者在中国文化论坛与北京大学批评理论中心合办的"第四届通识教育核心课程讲习班"上的授课记录稿(由张静芳整理)。具体课程时间是2010年8月13日下午、8月14日上午;阅读文本:雷蒙德·威廉斯《文化与社会》(吴松江、张文定译,北京大学出版社,1991)。

导　论

大家下午好，我们今天一起来读一个文本：雷蒙德·威廉斯的《文化与社会》。我想首先讲一下为什么选择这个文本，以及它在20世纪西方思想史上占据什么样的位置。这本书非常有意思，所谓有意思，在于它是一个非常"尴尬"的文本，这种尴尬表现在几个方面：

第一，所有人都会承认，威廉斯这本出版于1958年的著作是西方，特别是英国新左派的一个奠基性文本。

但是另一方面，这个文本又非常不符合西方左派的口味，事实上，后来的西方左派非常不喜欢这本书。原因很简单，大家可以先看一下这本书的目录，简单地说，威廉斯在这本书里讨论的这么多作家、思想家，绝大多数都是西方左派特别讨厌的。从目录中可以看到，他第一个讨论的是埃德蒙·伯克，埃德蒙·伯克是所谓"头号反革命"。当然"反革命"是一个非常现代的词，是法国大革命以后才出现的，因为先有"革命"，才会有"反革命"。埃德蒙·伯克是第一位现代反革命、反动派，是英国左派绝对不能接受和容忍的人物，他反对法国大革命，反对民主，反对平等，维护贵族阶级、等级制度。威廉斯的这个文本对伯克持高度赞扬的态度，这是左翼非常难以接受的。

不仅如此，这本书出版于1958年，1950年代对法国大革命的态度同时也隐含了对苏联革命的态度、对中国革命的态度、对越南革命的态度、对一切革命的态度，批判法国大革命的态度是一个分水岭，是左与右的分水岭。50年代前后有很多批判卢梭、批判法国大革命的理论，背后的潜台词则是批判苏联革命、中国革命、越南革命等等。《文化与社会》讨论的第一个作家就是埃德蒙·伯克，所以我们下面要仔细地阅读威廉斯在第一章中对埃德蒙·伯克这一部分的处理。威廉斯这样一个左翼领袖为什么会对一个反动派给予如此高度的重视？这是一个耐人寻味的问题。我想推荐大家读一下 *Politics and Letters: Interviews with New Left Review* 这本书，是70年代后期《新左派评论》对威廉斯的一个访谈，里面第一个问题就是关于为什么首选埃德蒙·伯克，你们去看威廉斯是怎么回答的。

埃德蒙·伯克只是其一，大家看第五章的目录，里面提到好几本小说的作者，特别是《西比尔》的作者狄斯累利,这是马克思最讨厌的人,英国保守党的首相,但威廉斯对他也是高度评价。还有第六章讨论的阿诺德等,这些都是左翼无法忍受、无法接受的人。

所以说这是一个非常尴尬的文本,一方面所有西方左派仍然承认它是西方左派的奠基之作,但另一方面很少有左派喜欢这本书。

第二,从一个学科的角度讲,《文化与社会》同时也被看作文化研究的奠基性著作之一;但同样的,现在做文化研究的人很少会看这本书,看了也觉得无所得,现在流行的文化研究根本没有走在他这条路上。这个原因稍微复杂一些,需要对70年代以后西方整个文化理论有一点了解,我今天稍微讲一下。什么叫文化?在70年代的西方左派看来,文化不就是"文化霸权"么?"hegemony"这个词,我们译成"霸权"其实是不太准确的。什么叫"hegemony"?让你去耶鲁留学,给你一份奖学金,你去不去?这叫"hegemony",你是心甘情愿的。比较贴切的翻译或许是"糖衣炮弹",就是今天说的"soft power"。我很反感"soft power"这个说法,这就是美国人对文化的态度:文化是一种用来征服你的power。我们在读这本书的时候,要看到"soft power"这个逻辑隐含在整个过程当中。

在60年代的学生运动之后,文化研究真正的对象就是文化本身,用阿尔都塞的概念叫"资产阶级意识形态国家机器"。国家机器从前指的是军队、警察、监狱这些很吓人的东西;他认为这不是资本主义国家的本质,资本主义国家最有效的统治其实是学校、教育、新闻、媒体传播这一整套文化的东西,只有文化这个东西才构成了上层阶级、统治阶级对于下层阶级的真正统治,因为如果是一个赤裸裸的、铁棍的、皮鞭的统治,就非常容易令人产生反抗意识。给你一份奖学金到耶鲁、哈佛去读书,你是不抵抗的,被同化进去了。所以——回到我刚才的问题——为什么后来做文化研究的人基本不会去读这本书?因为读起来味道很不对,因为1960年代以后,西方文化研究的对象就不是威廉斯在这本书里给予如此高度评价的一种文化。这里面有一种极端不同的看法,对于威廉斯来讲,所谓的资产阶级文化是人类的共同文化遗产,工人阶级并没有创造独立的文化,真正的问题是如何承继这笔遗产,以自己批判的创造性的信仰力,有选择性地来继承这笔文化遗产,而不是有没有工人阶级文化的问题。什么是资产阶级文化?他认为这个说法非常具有误导性。

威廉斯这个文本的有趣之处就在于,任何一本介绍文化研究的书都会提到这本书，但也就是提及书名而已。1958年这本书出版以后，实际上成为西方左派批判的对象，但是批判过后，又给它挂上了一个奠基性著作的名头，这是西方很有趣的一点。我讲这么多，所要强调的就是：这是一个左派文本，但并不是左派所喜欢的文本；是文化研究的奠基之作，但以后的文化研究完全走在它的反面。

第三，也是和第二点相关的，为什么后来做文化研究的人基本不会看这个文本？因为问题意识已经完全不同了。关于七八十年代美国的文化研究通常有个说法，文化研究的对象是一个"铁三角"——性别、种族、阶级。女性主义对这本书极端不以为然，你压根儿就没有提过性别的问题嘛。威廉斯每次做报告，底下的女性主义者都会问他：为什么你的书里没有提到性别的问题？威廉斯只好说：我历来都非常尊重女性。这是一个非常不学术的回答。种族问题也没有提及，还有一个最大的问题，也是这个文本真正的一个缺陷：讲1780年到1950年的英国，从头到尾没有提英国作为一个帝国的问题。

1988年，威廉斯去世前不久，他和爱德华·萨义德有一个对话。从这个对话的文字稿来看，萨义德对威廉斯非常尊敬，从头到尾以前辈相称，他们在一种非常礼貌的对话中进行交锋。萨义德说他一直在消化威廉斯的《文化与社会》提出的一些问题，最后，他对威廉斯说：如果今天你自己重读《文化与社会》，你会有一个不同的感觉——因为威廉斯在整本书里面只有we，只有"我们英国"，没有they，没有一个他者——你实际上会意识到，背后有一个隐含的they，就是大英帝国的殖民地的人民。萨义德后来写了一本《文化与帝国主义》，我们要注意到这几个文本实际上是相对的，这本书出版的时候威廉斯已经去世了。《文化与帝国主义》背后隐含的一个文本是《文化与社会》，处理的时代是差不多的，威廉斯是在英国社会文化背景下来谈所有这些作家，而萨义德是把它扩大为一个帝国的范围。《文化与社会》《文化与帝国主义》，还有阿诺德的《文化与无政府状态》，这几本书是可以联系在一起来读的。

《文化与社会》1987年美国版的前言非常好，威廉斯谈了两个问题。第一点非常自嘲和反讽，他说：近几年，大家把这本书看作新左派的一个奠基之作，但是我记得1968年的说法不是这样的，当时他们说这本书只是重弹浪漫派对工业社会批判的老调而已，现在又说我这本书是西方新左派的奠基之作。这短短两句话，用一种非常文雅的方式表达了他心中多年的愤慨；当然也表明到80年代，威廉斯的日子已经好过一些了，之前他是长期处在一个左右两边都不讨好的位置，非常孤立。

第二点实际上跟我刚才说的帝国的问题有关，他回答了一个问题：为什么这本书只处理了英国的经验？他的切入是非常明显的，在19世纪的传统里，所有英国作家都强烈地受到德国思想的影响，受到歌德、席勒和《审美教育书简》的影响，再晚一点，是受到黑格尔、谢林这些人的影响。这些威廉斯也都提及过，但都没有处理。他在这里所要回答的，就是对他的一个批判——说他是英国民族主义者。1960年代，这不仅是对威廉斯个人的一个批判，也是英国左派内部一个非常大的辩论。我在参考书目中特别列出了佩里·安德森的 *English Questions* 这本书，他不是单独以威廉斯为批判对象，而是批判威廉斯这一代的左翼，而且非常明确地批判他们完全是英国民族主义者。这里的民族主义和今天理解的不太一样。我认为威廉斯的辩护是成立的，他在1987年前言里说，英国是第一个进行工业革命的国家，第一个资产阶级国家，第一个经历了剧烈的、断裂式的社会分裂的国家，这个时候人们需要找到一种新的语言来表达他们的感觉。所以他说，原书里面，比如在原导论中提到的五个关键词——工业、民主、阶级、艺术、文化——都不是原先的意思，这是因为随着新社会的出现，人们以往的感觉经验已经完全不能把握这些东西，需要用一种新的方式来表达对新出现的工业社会——早期资本主义——的感受，而这个时候，第一代亲身经历资本主义的人究竟是怎么感受的，是一个非常重要的问题。这一点我认为非常非常重要。

我们现在也经常在用西方这些语词，但我们都是直接拿来就用，从来没有想过在我们自己经验当中生出来的感觉是什么样的，这些语词是否真正表达了我们的感觉结构。这是我们中国人特别需要问的一个问题。我们把一个非常抽象的语词拿过来，比如说什么是民主，你真的懂吗？什么叫资本主义？什么叫文化、艺术？这些语词，我们现在用的概念都是在西方两百年左右的时间里逐渐积累、转变而生成的，不是从我们自己的经验、感觉结构中凝练、提取出来的。站在这个角度上讲，威廉斯的这本书对于今天的中国读者特别重要，特别是第一编"十九世纪的传统"，如果把英国背景拿掉，用来描述1980年以来的中国是完全对症的，1980年以后的中国发生了大规模的市场经济，只有1780年左右的英国可以相比。我们惊慌失措，完全缺乏这样一种真正的知识精英的反应，这是我选择这本书的一个目的。

在进入文本之前，我还需要讲一下英国新左派。威廉斯和佩里·安德森，这两代人相差二十岁上下，威廉斯这一代在1920年左右出生，佩里·安德森这一代在1940年左右出生，基本上是两代的新左翼。这个历史和西方左翼最重要的一本杂志《新左派评论》的历史有非常大的关系，《新左派评论》最早是由50年代的两个英国杂志合并而成，正式创立于1960年，在1963年发生巨大危机，包括财政危机。后面实际上是佩里·安德森个人把它买下，他变成了《新左派评论》的所有者，也全面夺取了《新左派评论》的主导权。

我在参考书目中列出了理查德·霍伽特的 *The Uses of Literacy*（中译本《识字的用途》。——编者）这本书。霍伽特是伯明翰当代文化研究中心的第一任主任，和威廉斯是同代人，两个人的经历和风格有相当接近之处。威廉斯、霍伽特，再加上 E. P. 汤普森，他们三个人被看成是第一代新左派，特点是都关注英国经验，深埋于英国的传统之中。但是1964年以佩里·安德森为首的新的批判认为，整个英国传统就是一个彻头彻尾的保守主义传统，导致英国工人阶级的传统本身就是保守的甚至反动的，所以根本上要对英国传统，包括工人阶级传统做一个彻底的批判。

你们可以去看1964年前后的《新左派评论》《工党的性质》等等，英国确实很特别，它的社会主义运动是和工党紧密联系在一起的，威廉斯这些人都和工党政治有密不可分的关系，而1965年到1968年左右的这一代，对整个英国传统发起了全面否定的攻势。比如他们的第一篇文章，说现代危机植根于英国17、18世纪革命的不彻底，英国工人阶级中出了工人贵族，整个工人运动完全变质，这当然是马克思很早就说过的，但是到佩里·安德森那一代，对英国传统的内部，对从前工党的左翼传统，对以往所有的工人阶级运动，几乎都是持一种全盘否定的态度，认为从根本上就是保守的。这样一来，任何对英国传统持肯定式的、像威廉斯这样的初衷，当然就要批判，因为这样的总结本身就是不彻底的。而且他们认为威廉斯也好，汤普森也好，都是没有理论的。你们看威廉斯《文化与社会》原本的导论，最后强调，他们确实有非常深的英国经验论的传统，反对理论。第21页（指中文译本，以下均同。译文个别字句讲者或有改动。——编者）第二段，威廉斯说：

> 我所采用的方法不是考察一系列抽象的问题，而是考察一系列由各个个人所提出的论述。这不仅

是因为，我的气质和素养，使我发现考察这种由个人亲自论证过的论述，比考察系统的抽象问题更有意义。

所以佩里·安德森他们第一步就是大量引进欧洲的，尤其是法国的理论，特别是阿尔都塞的理论。用理论与历史脱节，才有更强的批判力度，这是他们的一个倾向。所以，这个文本背后有一个左翼的大辩论，这是文本本身很有意思的一个特点，它给我们展示了好几个传统，可以去思索。

首先从文本本身来说，它是西方左翼非常严肃认真地整理的一个英国保守主义的传统，特别是第一编"十九世纪的传统"。我在这里还可以提出一个潜在的文本，就是我们中国。我们知道中国引进西学是从严复开始，严复引进的也是所谓英国的思想，钱锺书后来批评严复，说他见识少、才气低，只能欣赏比较粗糙的东西，比如赫胥黎，说他对那些细腻的、深刻的东西缺乏体会，这个批判本身是对的，虽然不大公平。但是我们可以说，中国在引进西学的时候，由于处在一个特殊的历史时期，有选择地引进了一部分理论，而忽视了西方文化背后远为复杂、远为宽广、远为深厚的内涵，这本身可以带给我们一些思考。这是第一个问题，而且我们特别要注意：为什么对威廉斯来说，这个保守主义的传统同时应该是左翼的传统？也应该同时是左翼批判性地吸收、消化、转化的一个传统？这是非常有意思的一个问题。

第二点当然是在威廉斯的基础上，我们需要重新考察1970年以后西方左派的思想，包括文化研究整个学科的思想。我们绝不可以把现在的文化研究、西方左派当作现成的真理接受下来，在我个人看来，七八十年代以后的西方左翼和西方文化研究问题极为严重，甚至可以说，到底威廉斯是对的，还是后面的文化研究是对的，这本身又是一个非常重大的争论，可以派生出无数的问题。

这些都是这个文本特别有意思的地方，让我们带着多重性的问题去思考80年代以来中国大规模市场经济下的三十年历史，重新考察19世纪以来中国最早接受西方思想的历史。另一方面，中国处在全球化的背景中，处在各种西方学术思想的笼罩之下，我们如何面对这样一些占主导地位的学术主流？不管是罗马研究也好，后结构主义也好，还是女性主义也好，中国学者都需要用自己的眼光去看，从他们内在的理路去看这些问题是怎么来的，这些问题是不是我们自己的问题，或者他们的问题是否在根本上就是错误的。这些都是我们需要思考的。

下面我们开始进入文本。这个书名有一个部分非常重要——"1780—1950年"，不可以忽略。因为文化不是一个超时间、超地点的抽象概念，而是在特定历史、地点、时间产生的，如果没有这一点，这本书本身就不成立，所以绝不能省去"1780—1950年"，而且中文版还应该补上"英国"，也就是说，中文书名应该是"文化与社会，1780—1950年，英国"，这才是完整的翻译。这里的前言是1963年版的，我们看第13页一开头：

> 文化观念和现代各种常用的文化一词，是在被称为工业革命的时期进入英国思想的。本书即以此发现作为本书结构的原则。

文化从一开始就和资本主义处在一个关系当中，它的根本性问题是文化和资本主义的关系，脱离资本主义问题去谈文化问题是无的放矢，这是一个关键，是"文化与社会"的一个基本问题。威廉斯这本书的中心是19世纪以来英国社会变迁的一个反映，这是文化这个概念出现的原因。所以我们每拿到一本书，一定要看它是哪一年出版的，要把它放在一个历史背景中去理解，每一本书都隐含着在批判某一个东西，或者回应某一个东西，如果不放在具体历史语境中来解读，你的理解可能完全是错的。

下面我们来看15页的导论，这一篇是1958年版的原版导论，主要讲的是我之前提到的五个语词——民主、工业、阶级、艺术和文化，这些语词在1780年前的含义是不一样的，在工业革命时期被赋予了新的意义。关键的地方在20页第二段的中间部分，威廉斯想扣紧文化的概念加以考察，结果越讲越大，是一个非常大而普遍的思想运动。这一段第9行：

> 这个过程以极其复杂的方式融合了两种普遍的反应——第一种反应是，承认某些道德活动和知识活动实际上区别于那些推动一种新社会的力量……

这几句话的意思是说，在推动资本主义、工业革命这样的社会改革运动以外，还有另外一种道德与思想的活动，是与那些推动新社会的改革力量不同的、分离的。这让我想起1980年的中国，那时候有两大阵营，改革派和反改革派，所有的人都是改革派。当时我和刘小枫、张旭东他们在做一些文化翻译，经常有搞经济的人上来拍拍肩膀说：哎，我们都是改革派。我总觉得我跟改革没什么关系，那时候我对经济改革是一点兴趣都没有。

威廉斯这段话就是说，在这样的改革运动以外还有其他道德的、知性的活动，这是文化的第一种意思。第二种意思，此处译文"作为吸引人类兴趣的一个领域"不准确，原意是：作为人类的上诉法庭，这是一个非常西方的用词。康德"理性的批判"说，理性是唯一的人类上诉法庭的最高裁判者——文化才是判断社会改革、经济改革的裁判，它高于社会改革，而且是改革之外的另一种途径。这样一来，问题就复杂化了，下面两句话比较要紧：

> 在上述这两种意义上，文化就不只是针对新的生产方法、新的"工业"的反应。……如果文化观念只是对工业主义的反应，事情就比较简单了，但是十分明显，它也是对新的政治和社会发展、对"民主"的反应。

也就是说，以文化的名义来批判资本主义，在英国这样一个社会，绝大部分人都不会有太大疑义。那么问题在哪里？问题在于，文化同时隐含对民主的批判。这个问题就大了,就会引起巨大的争执。

威廉斯这本书的第一编"十九世纪的传统"主要处理的问题是文化与资本主义的关系,第二编"中间时期"和第三编"二十世纪的见解"更多的是讲文化与民主的关系,或者更确切地说,是文化与平等的关系。文化与平等的关系可能是人类最复杂、最深刻、最难处理的问题,因为文化意味着某种审美标准、文化标准,这里隐含着不平等。如果以平等的观念要求文化的话,那就是1970年代以后,认为一切文化都是霸权,都是上层统治阶级用来同化、麻痹、消解下层反抗的一个最重要的堡垒,这实际上就是以平等的名义来反对文化。另外,在这本书里威廉斯讲得更多的是用文化的名义来反对民主,反对平等,威廉斯力图处理这个问题,这个问题的复杂性我们慢慢就会看到,然后来看他是不是给出了一个比较合理、充分的解释。文化与资本主义的关系,文化与民主或者说平等的关系,这是威廉斯这本书的两个中心问题。导论我们就看到这里,一般来说看完全书后再回过头来看导论,会看得更清晰,因为导论通常写于整本书完成之后。

第一编 十九世纪的传统

下面我们来看正文,第一编第一章,第一句话是:

> 工业革命时期,英国的气氛是一种充满对比的气氛。

这里的"对比"指的是将工业革命前的英国和工业革命进行中的英国进行对比。接下来威廉斯引申到了第二个有意思的对比:

> 埃德蒙·伯克被称为是"第一位现代保守主义者",威廉·科贝特则被称为是"工业无产阶级第一位捍卫者"。

保守主义传统的奠基人和左翼传统的开创者——威廉斯这本书有意思的地方就在于始终将这两大传统扣在一起讨论。第24页,他说虽然这两人看上去水火不容,但

其实他们有很多关联,包括有一些个人关系。这一页有一句翻译我必须纠正一下:

> 在英国,在争取政治民主的斗争和工业革命的发展所引起的动荡中,许多人墨守旧英国的陈规,严厉谴责这些新发展。

这是非常中国化的翻译,在我们中国人看来,旧的都是不好的,而对英国人来说,旧的才是好的,"旧英国"应该译为"老英国"。在英国有个习定用法,叫Merry England,美好的老英国,从前的英国都是好的。英国宪法跟美国宪法的最大不同在于英国没有成文宪法,英国宪法在哪里?在遥远的、不可追溯的从前的从前,一切政治宪政体制奠基在历史中、传统中,而不是抽象的文本中。英国没有什么宪法,从理论上就拒绝成文宪法,历史、传统就是宪法,这是英国宪法的特点。

威廉斯说,以老英国的语词和语调来批判新的工业革命和新的民主革命,在这一点上,伯克与科贝特这一左一右是一样的,这两个人开创了现代西方社会批判新民主、批判资本主义的强大传统,所以威廉斯一再强调"tradition",文化与社会的本质是一个"tradition"。这两个人的立场完全不同，无产阶级在伯克心里当然是没有地位的，而科贝特是工业无产阶级第一位捍卫者，但是在批判资本主义、批判民主革命方面，两个人是一样的。

我们可以先看一下190页的第一段，这里讲的是罗斯金他们的"传统"，"有机社会"这个概念是保守主义和社会主义共同的核心概念，他们都是在"有机社会"这个概念的基础上

> 抨击工业资本主义，抨击洋洋得意的中产阶级自由主义的。于是，一种保守主义的思想家与一种社会主义的思想家，似乎使用同样的措辞来批评放任主义社会，并且表达了关于一个更优越的社会的观念。这种情况一直持续至今，现在，在这种保守思想和马克思主义思想中，"有机"都是一个中心术语，共同的敌人是自由主义。

现代西方工业革命以来，出现了三个大的流派——保守主义、自由主义或资本主义、社会主义。社会主义和保守主义都批判资本主义，批判自由主义。批判的中心问题是：后者把社会变成了一个孤立的原子化的、个

人的社会。两边都是以有机的、社会的、坚持情结概念来批判资本主义个人的、市场的、原子化的社会。所以威廉斯在整本书里面，特别在19世纪这部分，都在强调保守主义和社会主义在批判方面的共同性，而且保守主义强调的文化传统，同样也是19世纪英国社会主义的基本认同。

我们再回过来看第一章。讲到伯克这里要特别注意，伯克批判了法国革命和整个世界可能出现的其他革命，以及这背后隐含的社会变动，伯克认为这个变动是阻挡不了的。24页最后：

> 邪恶已经出现……我们必须随遇而安，去等待比我们高明的铁腕人物，在英国和其他地方的实践中，将这种制度加以完善……

这是伯克的一个出发点，他并不认为可以倒转历史车轮，他只是说什么样的人该做什么样的事情，虽然阻挡不了。我们现在来看威廉斯重视伯克的什么东西。27页威廉斯引用了伯克一段很长的话，在引用之前他首先说：

伯克支持波旁王朝而反对国民议会，我们没有必要与伯克持同样的政见，也能领会下面的真知灼见。

什么样的真知灼见呢？伯克说：

> 当我们破立的对象不是砖石木材，而是有感觉的生灵时，慎重与细心当然也就成为责任的一部分。突然改变这些生灵的状态、条件、习惯，可能会使千百万民众陷入惨境……

你们有没有想到现成的例子？90年代一下子转制了大批国有企业，说到国有企业好像就是一堆砖厂、机器，难道没有想到国有企业的工人是有感觉的生灵？伯克的意思是当你要处理这么多生命、价值、财产时，任何改革都得小心翼翼。

> 真正的立法者应该有一颗充满敏感性的心灵。他应该热爱并尊重人类，并且自我畏惧。

而我们的说法是"改革就要大无畏"。看到这句话

我就会想起90年代的一个词——"下岗"。在引用了伯克这段话之后,威廉斯接着说:

> 形形色色的改革者认为这段话是在鼓吹保守主义,这是再愚蠢不过了。保守主义者要是认为其中的结论可以作为反对最激进的社会改革的论据,也同样是愚不可及的。

再看29页第一段最后一句,中文翻译不准确,正确意思是:即使改革再正义,再伟大,也要受这样的限制。

不要以任何名义进行莽撞的、涉及千百万人的社会改革,这会导致无数人处于一种完全被剥夺的状态。这是伯克的智慧,是保守主义的全部智慧所在,威廉斯认为不管你持哪一种政治立场,都应该记在心中。

通过29页下面这一段,我们最能看出为什么威廉斯对伯克有如此评价。后来的人把伯克的观点推到了一个极端的地步,这是伯克本人完全不能接受的。他们将伯克的观点推出两点结论:

一,个人受群众压迫;二,一般地说,美德来源于个人而受到群众社会的威胁。伯克没有任何被称之为群众社会的经验，但他无论如何都不可能接受这种论点。他的观点毫不含糊：唯我独尊的个人是邪恶的；一切人类美德都是社会创造的……

这就是威廉斯所重视的，也是左翼所主张的，即社会的、群体的利益才是个人美德的生长地。它不是一个个人主义的东西，它强调的是"体现并确保人的适当本性的是具有历史源流的共同体"，因为人生活在历史文化共同体中，个人需要受到历史文化共同体的制约，而这个被限制的权利是人权的一部分，这是伯克的观点。这就是30页最上面一段引文的意思，最后一句说道：

> 人所受到的抑制以及他们的自由都算是他们的权利。

这是伯克，也是西方保守主义的一个中心论点。这整个传统，我认为是我们中国人不太了解的东西。

30页，威廉斯继续讲这个问题：

> 针对个人主义的民主，伯克提出民族（a people）

的观念。

我们会发现这个"people"到后面的时候会有一个演变。接下来是引用伯克的一段话：

> 一个民族是一个共同体的观念。共同体完全是人为的，就像其他所有法律上的假定一样，是由共同的协议而建立的。协议的性质是由某一社会已形成的形式集合而成的。

英国社会有英国社会形成的历史轨迹，法国有法国的，中国有中国的，不能离开历史的特殊性去谈这个社会，这叫历史文化共同体。所以威廉斯下面又讲：

> 人的整个进步，不仅是取决于抽象意义的历史共同体，而且取决于人所诞生的特定共同体的性质。没有任何人能游离于这个共同体，而共同体也不是他一人所能改变的。

因此，一个特定共同体有它特定的文化、特定的气质、特定的传统。伯克提出了他的社会契约论，下面引的是伯克最有名的一段话：

> 不仅是活着的人之间的合伙，而且是活着的人、已死去的人以及未出生的人之间的合伙关系。

祖宗在哪里？不是根据自由、民主这些抽象的概念来制定一个历史共同体，而是死去的祖宗和现在的人以及将来的人形成的一个历史文化共同体，各种各样的特定的规则决定了这个共同体的性质，这是伯克所强调的一点。社会和国家是并存的，社会的确是个契约，但不是两个人就可以随便订立的那种契约，社会契约是无法解除的，除非这个社会彻底消灭，除非这个民族完全消失。伯克特别反对的不仅仅是卢梭，也包括霍布斯、洛克这些人抽象的社会契约论。保守主义有一个特点，就是反对理论。保守主义的论述是一个历史性的、文化性的论述，是嵌入于其历史共同体的论述。用任何一个抽象的概念和理论来论说社会应该如何如何，都是保守主义坚决拒绝的。所以伯克强调，特定的社会都不是偶然的。

33页这段引文基本上是把我刚才讲的内容做了一个总结。伯克的这个反驳在英国人心中奠定了一个传统，不断批判工业主义、自由主义的传统，而且在保守主义、社会主义早期，国家是这样一个共同体的核心。他强调的是一个有机社会，是一个历史文化共同体。

> 国家不是一种只有局部范围的观念，也不是个人暂时的聚合……不是一朝一夕的选择，不是一群人的选择，也不是乌合混乱而昏庸轻佻的选择，而是经历了好几代的深思熟虑的选择。

这样一种选择不是一个偶然的东西，由此形成的宪政，比个人所谓的选择自由要高明千万倍，因为这样的政体植根于"人民的独特环境、场合、气质、性格，以及他们的道德、文明和社会习性"。伯克反反复复强调的就是这一点。那么，都是强调共同体，保守主义和社会主义的差异何在？保守主义的共同体是一个现存的共同体，在左翼眼里当然就是一个反动的共同体——女王、贵族院所领导的整个乡土社会。社会主义的共同体是即将形成的共同体——社会主义、共产主义、工会、工人运动。这两个共同体，一个诉诸过去，一个诉诸未来。以一个共同体的概念来批判原子论的、个人主义的、自由主义的、资本主义的共同体，这也是威廉斯如此强调埃德蒙·伯克的一个原因。

接下来是关于科贝特的内容，你们自己读一下就可以了。坦白说，威廉斯也承认，科贝特是绝对没办法和伯克相提并论的，他说科贝特充其量不过是一个大众新闻记者，特点就是感觉特别灵敏。但是这里提到一点，早期的社会主义、工人运动并不强调未来。大规模的工人阶级运动导致在抽象理论之外，工人的性质本身已经发生变化，不再是从前那种纯朴的乡村的工人。在这一点上汤普森和霍伽特这两个人特别明显，威廉斯和他们不一样，他后来在《乡村与城市》这本书里对这方面的问题有所论及。威廉斯和霍伽特一样，都是工人阶级出身，这是非常重要的一个因素。西方左翼，比如佩里·安德森，他不是中产阶级，而是上层阶级，极端富裕，所以他可以买下《新左派评论》。一个特点是，出身越富裕，越上层，就越激进。这是有道理的，一方面可能有点原罪感，另一方面可能更实际，因为他什么都有，那种比较低级的社会主义目标对他来说没有什么意思。我们后面会谈到青春期社会主义和激进主义。

与此相对应，工人阶级出身的左翼反而比较温和，像威廉斯和霍伽特。霍伽特《识字的用途》这本书很值得看，全书分为两部分，第一部分带有个人传记色彩，写他所理解的童年时代纯朴的劳工，第二部分则聚焦随着资本主义扩张，有了工人政党以后的工人阶级，特别是被大众媒体、文化工业所败坏的工人阶级。霍伽特也属于一个非常奇怪的类型，他是伯明翰文化中心的创始主任，很多人都打着他的旗号，但实际上下面的人走的路和他根本不同。汤普森和霍伽特他们诉诸的是有组织的大规模工人运动以前的工人阶级的传统，这恰恰是与马克思不一样的地方，某种意义上来说也是他们对马克思主义的一种批评，这是英国劳工传统中很值得注意的一个问题，当然它的前身在这本书里面也有涉及，即基尔特社会主义，行会社会主义。

所以在42页，威廉斯讲到"有两个科贝特"：

> 眷恋一种不同生活方式的乡下人科贝特以及鼓励方兴未艾的劳工运动的劳工捍卫者科贝特。

也就是说，科贝特身上同时具有左翼的这两个传统。

到19世纪，保守主义和社会主义有更多的共同性，都是把中世纪理性化，这也是英国的古今之争。这里的"古"是指中世纪以修道院为中心的淳朴的乡土社会的一个理想化图景，以此对照18、19世纪工业革命以后的英国，认为后者是如此的丑恶、黑暗，没有人性，而中世纪的英国比18、19世纪的英国要有人性得多，阶级矛盾要缓和得多，所以要建立一个公社式的社会来取代个人主义。在这一点上，早期的保守主义和社会主义有相当多的共同点。

综上，威廉斯在第一章第一节中用伯克和科贝特这两个人，引出了社会主义传统和保守主义传统在批判新兴资本主义方面具有共同性的地方。所以在44页，威廉斯下结论说：

> 把伯克与科贝特的名字摆在一起，是很重要的，这不仅是为了对比，更因为我们要了解新工业社会的这个批判传统，就必须认识到这一传统是由差异很大，有时甚至是自相矛盾的成分混合而成的。

其实他在后面谈的都是这两者逐渐出现分歧，但在批判资本主义、批判工业社会，包括批判民主方面，仍然有很多共同性，这是他全书的一个关切。

第一章的第二节讲的是骚塞与欧文。骚塞（Robert

Southey）是英国知识分子不能容忍的一个人，浪漫派诗人里面他的才气比较差，虽然大家后来都转向保守与反动，但他是反动中的反动，被女王封为"桂冠诗人"，所以被认为是一个卖身投靠的家伙。但是你们看，威廉斯又在给他说好话。

欧文（Robert Owen）大家都比较熟悉，我们以前都读过他的《新社会观》，他是空想社会主义的奠基人。第47页，欧文和骚塞都属于英国以至欧洲的基督教社会主义传统，但这个传统有两个不同的方向：欧文走向社会主义与合作社，而骚塞则和伯克、柯尔律治一样，走向新的保守主义。

接下来威廉斯谈了很多关于骚塞的内容，比谈欧文的篇幅还要多，比较值得注意的是强调政府的作用。上世纪90年代中国爆发所谓自由派和新左派的辩论，中心的问题是市场和政府的关系，事实上这是中国新左派辩论的第一个问题。大规模的市场推动以后，第一个问题必然就是政府有没有权力以公众的名义干预市场。从一开始，社会主义和保守主义都同样强调政府必须干预，但强调的重点并不相同。

我们来看50页上的一句话：

骚塞补充了这项批评，坚持政府应具有积极的功能。

我们要特别注意positive这个词，之前谈到的两种自由——肯定自由和否定自由，或者说积极自由和消极自由——就是positive freedom和negative freedom。所谓消极自由就是政府尽量不要去干预，积极自由就是指政府要保证某个方面的自由。保守主义强调的并不仅仅是平民工人的物质经济条件的改善，同时强调他们的道德完善。家长制的政治概念一直是保守主义一个非常重要的传统。

如果任何人因缺乏关怀和文化而堕落，他们[这些穷人、无教育的人]所属的社会就有一个疏忽的罪责。

如果没有政府，社会的关怀如何表现出来？这是他们的问题。这里的很多问题在第二章浪漫派艺术家那部分都会涉及。我们先转到53页，威廉斯讲到欧文。我刚才讲过保守主义和社会主义所强调的并不只是下层劳工阶级物质经济生活的改善，而且同时是道德上的完善。隐含的意思是：穷人并不等于好人。所以，你们看欧文的这一段话：

> 雇主把雇工看成只是牟利的工具，而雇工则养成一种粗野的凶残性格……

在资本主义社会中，扭曲的不仅仅是资本家，工人也被扭曲。这个问题非常重要，下面会不断谈及，一直到萧伯纳。萧伯纳是著名的劳工阶级的同情者，但他说"最重要的是赶紧把无产阶级消灭掉"，说无产阶级是没有教养的、粗野的。

我们现在的社会出现了一个问题，和1997、1998年很不一样，那时候说关心穷人，意思是要谴责市场；现在似乎每个人都在关心穷人，包括穷人的犯罪、穷人的杀人，都是可以辩护的。杀人都是好的，舆论一片赞扬声。这对吗？我们在读这本书的时候要反反复复想这个问题，是不是有一个基本的人性道德的要求？现在谁杀人谁就被叫好，一大堆人上去帮他维权。这很不正常，我认为这是道德低下的表现，是缺乏最基本的道德判断的表现。这样下去的话，所有的人都将变成欧文所说的"粗野的凶残性格"，杀人犯会越来越多。欧文接下去说：

> 如果没有公正的立法的措施以遏止这种性格的发展，并改善这个阶级的状况，这个国家将迟早陷入可怕的，甚至是不可救药的危险境地。

这也就是以后出现的所谓道德世界和无政府状态之间的抉择，如果资本主义没有文化的补充，那么这个社会将走向无政府。无政府并不仅仅是政治意义上的，同时也是社会意义上的、个人意义上的。

57页，同样讲到政府积极干预的作用：

> 欧文认为新的道德世界要由积极主动的政府和国民教育制度来创造。

教育的问题在这里开始浮现。我们都读过马克思，他说教育者首先要被教育，那可麻烦了，谁来教育？毛主席说"接受工农兵再教育"，所以整个是循环逻辑。这个问题极端复杂，但是非常有意思。

综上，威廉斯在第一章谈了两组人——骚塞是偏保守主义的，欧文是社会主义创始人；伯克是保守主义的，科贝特是无产阶级的辩护人——两个传统在第一章里同时并进。

第二章"浪漫派艺术家"我本来想跳过不讲，但是现在的80后、90后可能很少有人读过这些作品，我想这是文化上的一大缺陷，所以这一章我还是要稍微讲一下。

威廉斯力图纠正对浪漫派的一些误解。法国大革命初期，欧洲知识界一片欢呼声，当时黑格尔、谢林、荷尔德林同时在神学院里读书，三个人兴奋地植下一棵自由之树，等到暴力运动出来以后，全部转向了保守，这其实反映了他们对这些问题非常深刻的思考，既不是简单的革命派，也不是简单的反革命派，虽然谢林经常被称为反动派。英国也一样，刚开始的时候，华兹华斯、柯尔律治、骚塞都种了自由树，和德国差不多，暴动以后全部转向，都从青少年时代不同程度的革命热情演变到成年时代不同程度的伯克式的保守主义，中心点不是政治批评而是更广阔的社会批评，也就是说他们的关心点并不仅仅是法国大革命，更是英国工业革命的问题，对英国工业革命的根本含义极端忧虑，这是他们最坚定的观点，也正是这样一种对英国工业革命的反应，成为文化概念最主要的来源之一。

这里面有一点我认为特别需要讲一下，61页下面一段，讲的故事是我们大家都非常熟悉的，就是近现代以前欧洲的作家都是贵族所赞助甚至豢养的，然后转向市场，我们现在通常把这看成全面的解放、全面的自由。错！你们看威廉斯怎么讲：

> 贵族资助制度变成订购和出版制度，进而演变成现代的一般商业出版……比较幸运的人在独立性与社会身份方面有所提高……但这种变迁也意味着"市场"的建立，成为作家与社会实际关系的典型。

"市场"成为一个新的暴君。而且还有一个幸运与不幸的问题。威廉斯讲的非常客观：

> 在资助制度之下，作家与一个贴近的读者圈至少有一种直接的关系，无论是出于谨慎世故或心甘情愿，无论是为了自我标榜或为了表示尊重，他都习惯于接受这个读者圈的批评，或者依其批评行事。

这里的潜台词是说：贵族的文化修养可能是较高

的，作家是比较愿意和他们建立关系的，但并不是说所有贵族的文化修养都是比较高的，运气好的艺术家可能会找到一种文化圈子的感觉，运气不好的也可能碰到一些纯粹附庸风雅，并不真正尊重艺术的人。事实上也是如此。而当贵族资助制度转向市场裁判之后，威廉斯说：

> 由于掌握市场，作家获得独立，社会地位也得到提高，但他也受到喜怒无常的左右，而且必须取悦于人，只是这些喜怒无常或许不是来自他认识的个人，而是来自一个基本上似乎与个人无关的机构。作为作家与读者关系的典型的"文学市场"的成长，造成了许多根本态度的改变。

此时，作家所要取悦的不是贵族，而是那些他所看不起的、完全不懂文化的人。市场后面是什么？是一大堆无知的读者。我们今天已经非常明白这一点。威廉斯接下来讲的就是，面对这样一些由市场、金钱调动下的趣味低级、修养很差的读者的时候，作家怎么反映自己的愤怒。你们看62页：

在此之前，作家当然也经常表现出对"公众"不满，但是19世纪初，这种感觉变成尖锐而且普遍的感觉。济慈说："我对公众丝毫没有卑谦之感。"雪莱也说："不要接受头脑简单的人的见解。时间会推翻蠢人的判断。当代的批评不过是天才不得不与之抗争的愚蠢的总和。"

1990年代韩少功他们那一代的作家就是面对这样一个市场，让人不能忍受。庸俗文学占领了市场，严肃文学作品卖不出去。我们听到的评论都是市场化对作家如何如何好，这是非常片面的。所以我说对于中国1980年到2010年这三十年而言，威廉斯这本书里的东西基本上可以套过来，只不过我们晚了一二百年而已。

威廉斯接下来又引了华兹华斯的话：现在的人竟然把市场的、像苍蝇嗡嗡叫一样的媒体看作"公众"，把没有头脑的人看作"人民"。"人民"是一个历史文化共同体，从一个长久形成的历史文化共同体会浮现出一个文化水准比较高的文化读者群体，所以他说，具有哲学特色的"人民"和现在市场上一时的"公众"是完全两回事，作家真正要倾听的不是当下市场的要求，而是我们这个历史文化共同体所曾经有的、对文化有最高要求的这批读者，可能是死去的，可能是潜在的，可能还没有出生。不取悦当下，不讨好公众，这是浪漫派作家非常强调的一点。这一代浪漫派作家并不是孤芳自赏，他们对读者有一个最高的标准，就是历史文化共同体意义上的"人民"。

63页第三段：

> 华兹华斯也继续坚持一个"理念"，作为优秀的标准，认为一个"人民"的知识，其"具体精神"优越于事件的实际进展，优越于实际的市场行情。……本世纪里，文化——"人民的具体精神"、优秀的真正标准——逐渐成为决定真正价值的上诉法庭，以抗衡市场和社会其他交易所建立的"人为"价值。

这些都是以一个更深厚的历史文化共同体所潜在的文化标准，来抗议当前市场对作家、艺术家所提出的庸俗化的要求。我们现在读起来会更加有感觉，因为从前我们只是在理论上领会，80年代以后，我们才对这种东西有一种切肤的感受。当然，我们看到大多数人走的都是"投降路线"，比如现在的中文系都在做什么样的文学批评呢？

威廉斯接下来又引用了亚当·斯密的话，亚当·斯密说了，写一本小说和生产一双鞋子是一样的，都是商品。艺术家们怎么能够忍受呢？他们当然要反抗。可见，以文人自居的人接受资本主义，是非常可笑的事情。

我这次破例把自己的一篇文章《儒学与现代》列为参考书目之一。80年代文化热中曾经出现的一个早期现代性批判是文化立场的批判，可以去看一下刘小枫的第一本著作《诗化哲学》，这本书的立场基本上是一个浪漫派诗人的哲学，《儒学与现代》这篇文章也有这样一种情结在里面，虽然当时是朦朦胧胧地感觉到的一个东西。这篇文章对市场和民主开始有明确的批评，我比较珍视的是80年代我为什么会有这样一种情绪，我认为自己并不是在事后故意夸大它。当时我们这些人喜欢的都不是怎么推进市场经济改革的东西，我们本能地感兴趣的都是欧洲批评现代社会的东西，这是由本能和趣味所决定的，这种东西我觉得仍然没有被认真分析。我认为这个原因其实并不难找，中国文化本身有一种人文传统，对威廉斯这本书里反反复复批判的机器的、工业的东西本能地有一种反感。

在80年代的中国，为什么还有一部分人对这些东西这么感兴趣，这是从文化角度批判资本主义一个非常重要的问题，也是威廉斯在这本书里着重讨论的一个问题，也就是英国的一个特点。在所有西方发达国家中，英国是没有古典社会学传统的，这也是佩里·安德森他们都指出的一个问题。现代社会学的第一个奠基人是德国的韦伯，第二个是法国的涂尔干，然后1930年代到1950年代，美国的社会学非常庞大。英国没有像韦伯、涂尔干、马克思这样的人，英国的社会学恰恰是以文化与社会作为一个进入点，从文化的角度对现代社会进行强烈的反映，而不是用社会科学的观念去分析，这是英国的特点所在——从文化、文学、艺术的角度去观照现代社会，批判工业资本主义——这也是威廉斯为什么特别重视这个传统。英国大学在很长时间里是没有社会学系的，60年代以前只有人类学系，吉登斯是英国第一位社会学教授，他实际上是在努力地从英国的角度补英国的社会学传统。他的做法和美国的帕森斯一样，都是首先总结欧陆的社会学理论的传统，他其实不经意地重新改写了帕森斯的社会学理论的传统，因为以后的欧洲社会学传统是由帕森斯所写的，大家基本上都是按照帕森斯的理论来理解欧洲的古典社会学理论传统。帕森斯总结的欧洲古典社会学理论传统是韦伯、涂尔干和意大利的帕累托，他没有提马克思；吉登斯做了一个比较了不起的工作，就是用马克思替下了帕累托。这是吉登斯一个比较有意思的贡献。他首先总结这样一个传统，然后发展英国的传统。这其实也是中国知识界应该做的事情，首先独立思考和认真总结西方传统，再发展中国对现代社会的思考，而不是人云亦云。帕森斯就是这么做的，美国从前没有文化，没有学术，他就是首先总结欧洲的传统，再发展美国的学术和思想。

所以，威廉斯这本书实际上是以英国的特殊性总结了英国的古典社会学理论，这个理论的特点是文化和文学，而不是社会学的外在批判，着重的角度是内在人性是否能够发展。

67页，威廉斯特别引用了布雷克的一首诗，这首诗的意思就是说：英国应该怎么办？因为法国已经放弃了文学、艺术，而完全以外在的力量来征服世界；如果英国不走文化的道路，那么法国将恢复它的文化道路，而"在不列颠国土上更新艺术，法国必将膜拜顶礼"，相信文化的力量才是一个民族的真正价值所在。当时英法战争持续多年，法国是英国的头号敌人，法国的拿破仑军队长期侵扰英国，极为可怕；布雷克的意思即是说，这并没有那么可怕，我们英国只要有文化就行。这是非常有意思的。

在浪漫派诗人这一部分，我们看到的是文学家、艺术家对早期资本主义的反应，他们感觉到资本主义和文学、艺术格格不入，资本主义是对文学、艺术的最大妨碍。威廉斯对此体会非常深：艺术家之所以对资本主义如此深恶痛绝，恰恰表现了他们的绝望之深，他们面对的是一个自己根本无力对抗的社会。你们看70页：

> 艺术家要求之高，正是他们绝望之深。他们强调地界定他们的职业高尚深远，然而他们之所以作这种定义和强调，是因为他们相信新社会的组织原则与艺术的必要原则之间格格不入。

这是浪漫派的一个基本感觉；另外，威廉斯也强调了早期浪漫派诗人并不是后来所说的只是个人天才，他在71页特别引用了华兹华斯在《抒情歌谣集》序言里的一段话，强调诗歌是植根于人民之中的。这里的"人民"仍然是我们之前讲到的伯克意义上的历史文化共同体的"人民"，也就是华兹华斯所说的，这样一种艺术所诉诸的官能，"如果没有沉浸入各民族的精神"，是不可能得到提升的。所以他始终强调这不是一种个人主义意义上的艺术家的路线，艺术、文学是深深植根于历史文化共同体的"人民"之中的。

74页，威廉斯总结了浪漫派诗人的倾向，一方面，它具有文学本身批判资本主义社会的传统，它并没有放弃社会；另一方面，当他们日益感觉到无法反抗这个社会的时候，浪漫派就很有可能走向一个自我标榜、孤芳自赏、为艺术而艺术的传统，也因此，人们对后期浪漫派诗人的理解往往是他们脱离了对资本主义、工业主义的批判，似乎艺术家就是沉浸于一个小圈子的天才。中国1980年代所谓诗化哲学、诗人哲学家的倾向，基本类似于后面这一种比较消极的态度，包括我个人，抱着一种退离社会的心态，感觉到这个社会非常庸俗、龌龊，好像要在艺术文化中寻找一方净土。但是威廉斯在这里要强调的是，浪漫派诗人始终植根于英国的土壤中，始终是和英国的社会现实，特别是和对英国早期资本主义的批判紧密联合在一起的，文学、艺术本身是批判资本主义的一个内在的传统，甚至是最重要的一部分，这是威廉斯一再强调的。在后面几章，我们会看到消极的一面越来越多。

第三章是重点，特别是关于柯尔律治的部分。穆勒的《论边沁与柯尔律治》这本书好像已经有中译本，导言是利维斯写的。这一章里面威廉斯其实处理了两个问题。

穆勒是真正的19世纪自由主义的集大成者，所以由穆勒来总结边沁和柯尔律治——一个是自由主义的代表，一个是保守主义的代表——是非常有意思的。穆勒在19世纪中后期已经意识到了自由主义的很多内在缺陷，希望用保守主义来补充自由主义，这是他的一个出发点。穆勒有一个非常有名的父亲——詹姆斯·穆勒，世界上第一本印度史的作者，印度的历史首先是由英国人写的。詹姆斯·穆勒本人具有很强的功利主义意识，他认为所有的现行教育都是荒唐的，所以小穆勒是在家里受的教育，完全没有进过学堂。詹姆斯·穆勒完全按照自己的模式来教育小穆勒，省掉了一切他认为没有用的东西，什么文学、艺术都是不教的，所以小穆勒说他没有童年，从来没有游戏，也没有读过诗，他所接受的教育只有逻辑、数学这些方面。但是穆勒成年后碰到一次非常大的感情危机，他突然读到了华兹华斯的诗歌，突然感到灵魂震动，突然觉得功利主义讲的都是外在的东西，没有内心的东西。当然穆勒本身是一个悟性极高的人，他从个人推展出去，开始重新思考自由主义。功利主义是自由主义在19世纪的一个主要代表,它并不像大家一般想象的那么庸俗,我们现在比较好的也无非是功利主义而已,强调最大多数人的最大幸福,是一个物质分配的问题。

在那次灵魂震动之后,穆勒写了几篇文章谈柯尔律治和边沁,83页上有他对这两方面看法的总结,一方面是他对以边沁为代表的自由主义的看法:

> 以人类获益于文明多少的问题为例。一位观察者对于舒适物质生活的与日俱增十分敏感,知识的进步与扩散,迷信的衰退,交往的方便,礼仪的融洽,战争与个人冲突的没落,弱肉强食的暴行逐渐受到的限制,众多的合作在全球取得了伟大成就:他于是成为一种常见的人——"我们这个开明的时代"的崇拜者。

另一方面是他对以柯尔律治为代表的保守主义的看法:

> 另一位观察者注意的不是这些好处付出的价值,而是这些好处的昂贵代价:个人能力与勇气的松弛;自重自信自主的丧失;使人类的大部分成了

人为需求的奴隶；一见到困难的征兆就懦怯畏缩；他们的生活尽是呆板不振的单调，性格乏味而无热情，没有鲜明个性；依固定规则执行固定工作的生活产生狭隘的机械式理解力；……财富与社会地位的不平等产生危害道德的后果；文明国家的大批群众辗转受苦，其需求并不比蒙昧的民众获得更好的满足……

穆勒认为这两方面都只有一半的真理，他希望能有一个综合，下面他点出了一个古今之争的问题，这里的"古"首先指的是中世纪的"古"。我在这里要顺便讲一下另外一个隐含的文本，古希腊的地位也是在这样一个背景下才被重新提了起来。在19世纪以前，古罗马的地位远远高于雅典，即使对于古希腊，也是斯巴达的地位远高于雅典，一切都在19世纪末发生了改变，而这种改变和这本书处理到的文化、文学批评有非常深的关系，即，在建立文化、文学批评的标准时，人们立即发现古罗马没有什么文化，于是转向古希腊，转向雅典。西方世界出现的第一本古希腊史是穆勒鼓励他的一个朋友格鲁特（George Grote）写的。这些都是19世纪中叶以后的事情。所以并不是说古希腊历来如此，西方每个时代的古典标准都是在不断改变的,我们必须用历史性的眼光看待西方,看他们的标准、品味,包括科系建构有一个怎样的变化脉络。比如英国从前没有社会学,只有人类学,因为英国是帝国,他们的人类学首先就是用来处理第三世界国家的问题。

85页,民主的问题出现了。穆勒总结了他那个时代出现的一个问题,工业革命意味着大量工人阶级开始进入历史舞台,从前这些人都在乡村,现在进入了城市——关于这方面,恩格斯的《英国工人阶级状况》是经典之作,大家最好读一读——这就引来一个问题,"人民大众迫切需要由智力与德行都比他们强的人来统治"。穆勒当然是希望两个极端都往中心靠,这是他的一个基本想法。

87页,穆勒从他个人的感受出发,做出了对于自由主义——我们可以引申出对于社会科学的——一般的批评,即边沁对人的感受性方面了解极少,对人的内心世界一无所知,认为人只要吃饱了、住好了就行了,哪有什么内心世界?我们现在也是这样,工资提高了,房子越住越大,肉吃得多一点,不就如此吗?

我们再看91页,这都是穆勒比较深刻的地方,以后延伸出了对于马克思主义的批评:

> 像边沁这种哲学……是只能教人组织并规定社会事务的事业这方面的那种手段……对于社会的精神利益毫无帮助。

在某种意义上社会科学都是如此，认为只要把社会改造好了，贫富差距解决了，那就什么问题都没有了。他们没有想过内心世界怎么办的问题。

接下来引了柯尔律治在《教会与国家政体》(On the Constitution of the Church and State)中提出的著名问题：

> 国家的福利、人民的幸福与快乐有没有随着环境繁荣的进步而进步？富人数量的增加，难道应该理解为国家的富裕吗？

穆勒此时已经意识到文化不是一个可有可无的点缀性的东西，文化、文学、艺术是涉及人内心深处需求的一个问题；但是在资本主义社会中，它没有得到一个正确的地位。穆勒力图把这两者结合起来。

94页，威廉斯非常深刻地点出了穆勒的立场和柯尔律治的立场的区别：穆勒的立场是，对文化的强调是扩大功利主义传统的方法，也就是说，从前的功利主义、自由主义太狭隘，所以要用文化来补充它；柯尔律治的立场是，文化远远高于市场，高于社会改革，文化是最高法庭的裁判，改革是否有意义，要靠文化来裁判，"文化是一切社会安排都要服从的上诉法庭"。

我们衡量一个人之所以为人，一个文明之所以为文明，标准是什么？仅仅是因为富裕吗？仅仅是因为兵强马壮吗？GDP增长就是最高成就吗？柯尔律治说，全部的衡量标准就是你造就了什么样的人，是不是有精神素养的、有教养的人，这是柯尔律治的看法，关于最高标准的问题。我们看95页最后一段引言：

> 国家的长久存在……国家的进步性和个人自由……依赖于一个持续发展、不断进步的文明。但是，这个文明如果不以教养为基础，不与人类特有的品质和能力同步发展，那么文明本身如果不是一种具有很大腐化作用的影响力，就是一种混合低劣的善，是疾病的发热，而不是健康的焕发，而一个以这种文明著称的国家，与其说是一个完美的民族，不如称之为虚饰的民族。

这是柯尔律治认为的一个现代社会应该追求的东

西。我在这里也必须讲一下，这是博雅教育真正的来源所在，也是第六章纽曼谈大学教育时所秉承的一个理念。大学是抵抗资本主义的堡垒，是塑造文化人性的堡垒，这是纽曼大学理念的核心立场，也是整本书一以贯之的立场。

纽曼理念的前身是柯尔律治所谓的国家教会的问题。柯尔律治认为一个文明的维护需要一个有教养的文明阶级。98页第二段：

> 柯尔律治提出一个由国家资助、以"普及教养"为责任的阶级，这个建议值得注意。他称这个阶级为知识阶级或国家教会。

柯尔律治强调这个"教会"不是原有的教会的意思，而是一个文化阶层的教育，必须是国家所养而不是私人所养。他提出"三个阶级"的概念，第一阶级是地主，第二阶级是商人，第三是文化阶级，也就是他所称的"国家教会"。这样一个立场在纽曼那里变成了一个大学理念的问题。他们的中心理念是完全一致的，就是要有一个制度、一个机构、一批人来维护文化的标准，维护文化艺术的发展，而且中心的问题并不仅仅是文化艺术，而是对全社会有教化作用，使整个社会、整个民族都有高度的修养。

第99页第一段引言：

> 要有比较少数的一批人保持人文学科的本源，培养传播原来已拥有的知识，守卫物质与道德科学的利益……这整个阶级的目标和最终用意在于保存并保护过去文明的宝藏，以此联系今天；使过去的文明完美增色，从而连接今日与未来；但是，最重要的是，把必要的知识的质和量传播于整个社会以及每一位应该遵守法律并享受权利的国民……

其实这方面早就有社会实践了，就是我们中国的士大夫政治。

我特别把我的老师席尔斯（Edward Shils）的 *The Intellectuals and the Powers* 列在参考书目中，这本书里有两篇文章都是谈1950年代的英国知识分子，我这次没有时间来讲，希望大家自己找来读一下。席尔斯对英国了解非常深，他认为柯尔律治的这套东西在中国儒家士大夫传统那里早就实践过了，即是以文化阶级作为整个社会的领导阶级，最重要的是，文化的力量渗透于整

细读《文化与社会》　　123

个社会的各个角落，我们中国人称之为教化。但是我们反而会看到，这在新的民主的问题上会变成一个很大的问题。

如果没有这样一个文化阶级会怎么样呢？92页：

> ［我们将］被油嘴滑舌的经济学家组成的可鄙的民主寡头政治主宰——同这种寡头政治比较起来，最恶劣的贵族政治也是福荫。

对比我们自己的情况，我们曾经不就是被油嘴滑舌的经济学家组成的寡头政治所主宰吗？这是1990年代全世界的通病，一大批经济学家把我们都俘虏了。

97页，威廉斯指出，柯尔律治对文化的强调和后来的意见非常不同，柯尔律治认为文化和教养不是个人的问题，也不是个人主义路线的问题，而是一个社会制度问题；后来谈的文化教养好像是纯粹个人的事情。威廉斯不断地提醒，以往的要求要高得多，是整个社会走向高度教养而不仅仅是少数个别人：

> 柯尔律治和他之前的伯克一样，坚持认为人需要机构来肯定并构成他个人的努力。其实，教养虽

是一种内在过程，但绝不只是一种个人过程。

也就是说，教养本身必须同时改造社会，如果一个社会完全信奉"金钱至上"，是不可能形成教养的。这也是威廉斯一再讲到的19世纪的传统，他们的理想非常高。当然，20世纪以后社会改革越来越令人幻灭，越来越成为一种个人性的小资情调的东西，这不是威廉斯所赞同的路线，所以他一直强调19世纪的传统是文化、教养、博雅教育，这些同时是一个社会改造的过程，是一个双方不断相互改造的过程。

97页到98页，威廉斯比较了柯尔律治和伯克之间的差别，他们同样在讲政体，不同在于，伯克的保守主义可以说是更反动。他认为这样一个社会的上层阶级已经存在，就是现在的君主、贵族院，这就是现在社会的领导阶级；而在柯尔律治看来，现存的统治阶级并不可取，需要重新打造一个文化阶级。在这之后，知识分子这样一个命题会逐渐出现。

我建议大家仔细看一下柯尔律治这一章，因为后来的很大一部分传统都是从柯尔律治这里过来的，所以穆勒说柯尔律治是一个"种子心灵"，所有人都从柯尔律治这里抽取不同的结论。柯尔律治当然是最伟大的诗人之一，他的诗数量很少，但质量极高，在英美文学界他的地位已经超出华兹华斯。

第四章讲卡莱尔，非常精彩。卡莱尔的作品中国翻译的不太多。在这一章里，威廉斯竭力纠正卡莱尔的形象。卡莱尔最有名的形象，也是中国人对他的理解，即是他那本《英雄与英雄崇拜》；威廉斯则强调这不是卡莱尔的主要一面，而是卡莱尔在衰落期的一种绝望的表现。卡莱尔真正的贡献在于，一方面，"工业主义"这个词是他发明的，很多概念都是他首先提出的，比如108页第一段引文：

> 如果我们需要用一个专有的名词来形容我们这个时代，我们忍不住要用的不是英雄时代，不是虔诚时代，不是哲学时代或道德时代，而是机械时代（Mechanical Age）。

"机械时代"这个概念也是卡莱尔提出来的。马克思特别称赞卡莱尔的这个方面，他对资本主义的批判相当一部分都引用了卡莱尔对英国资本主义批判的内容。但是，威廉斯强调，卡莱尔走向了另外一个方向，不是马克思的方向，而是文化的方向。之前我们提到，穆勒批判边沁只注重外在社会的改造，而不注重内在心灵的需要。在这一点上，马克思也是一样，马克思有一个非常乌托邦的想法，认为一旦社会改造完成，共产主义建立了，人性自然而然就会发挥出来。所以在某种意义上，文化在马克思本人那里是欠缺的。20世纪，文化成了西方马克思主义最重大的关注所在，但可以直接从马克思本人那里抽取到的东西并不多。对于阶级、政治、经济的分析，马克思才华绝伦，但是他认为所有的问题都取决于社会制度改造，人压迫人、人剥削人的不平等关系都解决以后，人自然而然就变成自由的人，可以充分发展。卡莱尔与马克思的不同在于，他继承了之前的"文化与社会"的方向，而走向阿诺德的"文化与无政府状态"；也就是说，他强调外在的社会改造和内在的文化培养同时进行，这是他的一个基本观点。卡莱尔的语言非常精彩，机智绝伦，所以英国人特别喜欢引用他的话，虽然他的思想并不是最深刻的。19世纪的人们曾经认为卡莱尔是最伟大的思想家，到19世纪结束时他就称不上最伟大了。

我们看110页的一段引文：

　　如今人们最感兴趣的一种是纯属政治的安

> 排……法律、政府就绪，便万事大吉；其他的一切自然水到渠成！……我们全心信奉这条原则，而且机械到怪异的地步，一种专门以此为根据的新勾当就此崛起，这种新勾当叫作"法则编纂"（codification）……

这里的"法则编纂"是指编纂《拿破仑法典》，之后整个欧洲进入了一个编法典的时期，商法典、民法典……所有法典都编好了，人类社会好像就万事大吉了。

> 机械论的根现在已经深入人最深处、最基本的信念来源，正在它的整个生活和活动中萌发出无数会结出带毒的枝条的果实。……对任何对象，我们的第一个问题不是"什么？"，而是"如何？"……

美国最有趣的一点就是到处都是how，一切都非常机械。

从110页到111页威廉斯引用了好几段卡莱尔的话，然后他分析说：

当我们用内在要求的观点来看,以上是外在执着的缺点。

他接着引用卡莱尔的话说:

> 对内在或动力领域的不适当培养,将导致闲散、虚幻、不切合实际的途径。……对外在领域的不适当培养,……必然会摧毁一切其他力量之源的道德力量。

如果没有内在的培养,一切都只是外在安排,那就是无源之水、无本之木。这是威廉斯一再强调并认同的一个传统。

我之前讲过,威廉斯出身劳工阶级,又是剑桥大学英文系的学生,所以在他身上表现出两种基本认同之间的冲突——一方面是他对于工人阶级的绝对忠诚和热爱,另一方面是对于高级文化的喜爱与认同。在他所处的时代,这两方面经常发生冲突,而他本人则不断地试图弥补这样一种冲突。卡莱尔与之不同的一点在于,他并没有完全否定工业革命的进步,所以马克思喜欢他也是有一定道理的;但是后期他又变得很悲观,就去搞英雄崇拜了。

116页到118页我只能简单点一下。卡莱尔是一个非常善于捏塑概念的人，116页提到卡莱尔又提出了著名的"英国状况"（condition-of-England）问题，恩格斯的《英国工人阶级状况》就是从这个词来的。"英国状况"是整个西方的一个问题，它意味着一个新的工业社会到底是一个怎样的世界，"英国状况"就是曼彻斯特，又脏又乱，贫穷不堪。

117页最后一段引文，卡莱尔说：

（工业革命）就是我们的法国大革命：请上帝开恩，让我们用我们比较妥善的方法，只靠辩论就能处理好这场革命吧。

英国工业革命所带来的社会问题的严重性，一点都不亚于法国大革命所造成的那种断头台的恐怖。如果不找到一种温和的办法，英国社会也将同样走到这样一种非常混乱的解体的地步。这里面就有一个民主的问题了，卡莱尔坚决拒绝民主，认为民主不能解决任何问题。工业革命、资本主义的发展，意味着一大批工人进入了新的社会历史舞台，这帮人该怎么办？他们在社会上应处于什么位置？比如参政权的问题，他们是不是有政治发言权？民主就成为一个问题。118页第一段引文：

> 凡是稍有眼光的人，都能看出民主并不是最终的解决；即使完全赢得民主，也不算赢得什么——赢得的只是一种空洞的东西以及大家彼此自由倾轧的机会。

卡莱尔把民主看成是放任市场经济的一种政治表现，认为民主是要取消秩序和政府，使人自由追求个人利益。在此，威廉斯断然表示：

> 今日读来，任何对民主的这类批评都会立即受到成见的迎击……然而这种批评有它的公正之处……无论什么时候，如果民主只是纯属政治上的摆设，都应该受到卡莱尔的这种指控。我们这种社会里的民主精神实际上大部分是放任主义精神：对新的利益放任自由，从而造成各种新的问题。

威廉斯的上述这段话是接着卡莱尔讲的，他认为卡莱尔的批判具有深刻意义：

卡莱尔呼吁的是治理（government）；要的是更多的而不是更少的治理；要的是更多的而不是减少的秩序。他说这是英国劳动人民的要求；在本质上，他又说对了，而且一直都是对的——英国工人阶级那些颇具特色的运动虽然的确合乎广义的民主，但它们的方向却是要求更多的政府管理，更多的秩序，更多的道德控制。

在1950年代，美国有罗斯福的新政自由主义，本身就强调政府干预，英国也强调政府干预，所以威廉斯说英国工人阶级所要求的始终不是更少，而是更多的政府干预。但是到后面我们会看到，在工党执政以后，这样一种信念开始出现动摇，政府是否干预的问题，包括道德管理、文化管理的问题都出现了。当然这是后来的事，这里讲的还是19世纪的传统。

在19世纪有一个相当普遍的看法，我们之前提到过，即在民主呼声很高的时候，在人权呼声很高的时候，伯克说，历史文化共同体对自由的制约本身就是人民的权利之一。卡莱尔接续着这个观点说：

在所有的"人权"之中，最无可争议的一项权利当然是无知的人有权利将自己交给比较有智慧的人来指引，让有智慧的人温和地或者强迫地使自己去走真正的道路。

这当然是自柏拉图以来一个非常强的传统。

如果自由有什么含义的话，就是意味着能享受这项权利，享受了这项权利，也就能享受到其他所有权利。

也就是说，如果你不接受有智慧的、受教育程度更高的人的治理，那么你的其他所有的权利都有可能会丧失。一旦让一帮暴民选了一帮愚蠢的人来治理，把社会搞得一塌糊涂，到时候其他所有权利都会丧失。这是在19世纪不断出现、不断强调的一个问题。

接下来，威廉斯同样分析了卡莱尔和伯克的差别所在。伯克认为已经形成了一个有充分能力的统治阶级，现成的统治阶级就是足够好的统治阶级；而卡莱尔则认为现在的统治阶级——贵族院、女王——都是在玩忽职守，根本没有起到作用。他呼吁掌权阶级应妥善运用权力，使自己成为一个主动、负责的统治阶级，并且清除自己的"无为主义"。

有意思的是，卡莱尔的这个呼吁并没有受到贵族阶级的响应，反而是受到中产阶级，也就是英国自由党的欢迎，后来英国自由党就走向了这样一个路线，倾向于更多的政府管理等等。这个呼吁也受到后来的保守党首相狄斯累利的注意。

这里面核心的问题是，卡莱尔一方面反对放任主义，同时也反对激进主义革命。这其实是一个非常深的英国传统。最有意思的是，卡莱尔说这更多的是英国劳动人民、英国工人阶级本身的要求，而且威廉斯说这是对的，历来都是如此。我们读到20世纪后期的时候会再来看这个问题。

120页到121页，强调的是政治最重要的职责之一，就是推广国民教育、全民教育，并不是让下层阶级简单地享受物质利益就够了，而是要在文化上把下层阶级同化进来，这是英国政治的特点，所以说英国政治一直有一个非常强的文化政治的路线。实际上，虽然这些作家、艺术家、思想家的主张并不是完全被采纳，但是这样一种精神确实体现在英国政治中，我们下面会讲工人教育委员会的问题。英国是第一个发生工业革命的国家，如何对待大规模的工人阶级，如何避免社会动乱，这是统治阶级不得不考虑的问题。他们的手段并不仅仅是面包，同时还有教育。

122页第二段：

> 把文化看成是一个民族整个生活方式的观念，在卡莱尔手中得到了新的强调。他以此抨击工业主义，认为构成一个适当含义的社会远不只是以"付现金为唯一关系"的经济关系。

任何一个社会都不可能靠经济关系来定义，否则这样的社会是非常低级的，也是难以长存的，没有文化的社会是不可能受到尊重的，光是物质上富有并不能说明问题。

威廉斯最后又为卡莱尔做了辩护。卡莱尔认为这个社会非常混乱，需要强有力的权威来统治社会，但是，他最后强调的仍然还是文化的权威，也就是"文人英雄"的概念，这也是《英雄与英雄崇拜》非常有名的第五章的内容：最根本的英雄是文人英雄，因为他们才能树立最终的标准，其他政治的、工业的、财团的英雄最后都应该向文人英雄低头。这也是威廉斯所特别强调的，即使在这本卡莱尔最糟糕的书里，他仍然没有放弃

细读《文化与社会》

文化的概念。这就是卡莱尔,他的语言和我们现在的社会对应性非常强,因为在某种意义上,他描述的就是我们中国的现在。

第五章我简单地讲一下。在"工业小说"这一部分,我们会注意到一点,那些有良心的、批判资本主义的人,本来将矛头指向资本家和工厂主而对劳工抱以同情,后面开始越来越多地惧怕劳工。这种对工人的恐惧,对工人暴力的恐惧,在这些小说里面表现得很多,狄更斯的《艰难时世》是一个典型。狄更斯非常深刻,他最根本的文学意象是"孤儿",资本主义的特点就是"孤儿",所以我觉得从前的译名"孤星泪"非常好。资本主义造成的个人就是一个"孤儿",这就是历史文化共同体完全被切断的一个表现,但与此同时,狄更斯的作品也反映出英国的一个特点,即最后总是妥协,故事最典型的结尾就是孤儿得到一笔遗产。所谓孤儿就是无父无母,没有家庭,资本主义完全摧毁了人间最亲密的家庭关系,这是狄更斯作品隐含的意象,也是很多工业小说所隐含的意象;另一方面,工业小说的另一个典型特点就是以阶级妥协、阶级调和为结局,工人的女儿嫁给了企业主,诸如此类。

威廉斯在这一部分强调的则是另外一点。138页,他讲到了狄斯累利的《西比尔，又名两国记》(*Sybil*)。"two nations"是什么意思？英国是一个国家还是两个国家？首先，"two nations"即指富人和穷人。我们要知道，狄斯累利后来成为英国保守党的首相，英国1876年的民主改革是在狄斯累利手里完成的（1874—1880年第二次任首相期间）。这次民主改革使大量工人进入了选举，这是保守党而不是自由党完成的。《两国记》写于1845年，当时狄斯累利四十多岁。小说一开始就以对话的形式谈到"两个英国"，一个是富人的英国，一个是穷人的英国。中国现在也是这样一个状况，穷人的中国和富人的中国是完全不同的中国。值得注意的是，威廉斯非常敏锐地点出了狄斯累利小说的结尾预示了英国政治真正的走向——不是劳动人民和保守派的结合，而是地主和企业家的联姻。

这也是佩里·安德森1964年那篇文章所指出的非常重要的一点：英国的所谓资产阶级革命从来都是不彻底的，贵族从来没有被真正打倒过。贵族是以土地为保障的，有土地就必然有农民，他们在相当长的历史时期又必然形成很多的亲属关系，所以这又是一个温情脉脉的共同体。这就是英国贵族政治的复杂之处，一方面它是高度不平等的社会，另一方面，相对于资本主义赤裸裸的金钱人际关系，它又是一个人情社会。所以，贵族制的乡土社会是一个非常特别的东西，在它的背后又有着我们所说的乡土劳动者群体，这两个东西往往会混合在一起。

狄斯累利的1876年民主改革导致了民主的另外一个走向，即托利民主。托利党就是保守党的意思，所谓托利民主，是指自上而下的民主，是在君主、贵族院领导下的民主，这是狄斯累利的中心意思，实际上英国也是这么走的，其条件是工人贵族的出现。我们要注意一点，狄斯累利时代的两大对立政党是保守党和自由党，今天的英国保守党仍然叫托利党，而自由党已经没有了，也就是说，保守党把原先的自由党吸纳进来，变成了土地贵族与金融资本、工业资本的融合，所以它本身即有内在冲突。英国的历史非常值得注意，它是一种非常不典型的资本主义的历史，极为复杂。

我们看142页，威廉斯分析狄斯累利《两国记》的最后一段话：

结婚钟声的敲响，并不是庆祝一个国家的组成，而是庆祝马尼和毛布雷两家财产——一家是农业，一家是工业——的结合：一宗象征实际政治发展的联姻。……通过这种手法,他所表现的变成了一个实际的政治结局。

实际情况就是,英国从前的土地贵族逐渐转向银行业、金融业,工业等则由新兴资本家掌控。而且英国的一个特点是,资本主义新贵们都特别崇尚贵族文化,都希望自己被贵族文化所接纳。所以一方面,富裕的工业家们特别希望能和没落贵族家庭联姻,提升他们的文化地位;另一方面,穷贵族们又非常需要资本家的钱,这在英国历史上是一大社会现象。我们看144页威廉斯引用的金斯利的一段话,托利民主的路线已经基本呈现出来了:

> 我相信,只要王权、上院及报纸仍然存在(感谢上帝),参政活动的每一次扩大都会是安全的,而不是危险的新来源……

也就是说,工人阶级可以不断被吸纳,有投票权,但前提是王权不能被打倒,贵族院不能被打倒,这是关键。所以这是在一种秩序之下的民主扩大,这是英国一个很大的特点。

乔治·艾略特的《费立克斯·霍尔特》这一部分我就不讲了，威廉斯在这里基本强调的就是原先对劳工的关切越来越多地转为对劳工的推避和恐惧。

下面是第六章"纽曼与阿诺德"。威廉斯对于纽曼讲的比较少，他主要是讲阿诺德。纽曼的大学理念基本上是柯尔律治"国家教会"的一个延伸。他是在45岁时才从新教转为天主教，然后被教皇任命为红衣主教。他之前是牛津运动的领袖，关于牛津运动，大家可以去读一读辜鸿铭那本 The Story of a Chinese Oxford Movement。

所有的路线最后集中到了阿诺德的《文化与无政府状态》，对资本主义的批判和抨击已经越来越多地伴随着对工人阶级的恐惧，对下层阶级的恐惧。工人阶级从农村来到城市，没有受过什么教育，该怎么办？按照一种理想主义的定义，民主意味着理性人利用理性对公共事务进行理性的判断。如果按这个标准来看的话，文盲是不可以参与民主的，因为他不可能运用理性来做理性的判断。这是阿诺德的一个理论根据，他反对大众民主，认为民主不是简单地举个手、投个票，投票是要经过头脑分析的，否则毫无意义。

156页中间一段，威廉斯引了麦考莱的一句名言：

我们必须教育我们的主人。

民主意味着人民统治，所以人民是主人，但是这个主人必须被教育，这就又回到了"谁教育谁"的问题。教育、文化是极端复杂的问题。

对工人的担心是一方面；另一方面，当然这又是英国的特点，即并不仅仅在物质财富的分配上力求使工人有较好收益，而且也力图把工人纳入文化和教育层面的考量，于是出现了劳工学院的问题。这是非常重大的一个问题，而且和威廉斯、汤普森这些人有非常大的关联。

我们看156页最后一段引文，金斯利对于建立新的劳工学院的建议：

> 没有用资助来侮辱他们，没有以任何方式干涉他们的宗教主张和他们的独立，他们（剑桥大学成员）只是本着一种共同的人性，已经帮助去培养这些属于我假设的在本书宣布为最不幸、最危险的阶级的人……他们组成了一个一半由他们自己、一半由大学的先生们担任指导的志愿团体：即一个为剑桥所有人而设立的纪律、忠诚与文明的核心。

他说劳工是"最不幸、最危险的阶级的人",最不幸是因为他们生活在资本主义社会的最底层,最危险是因为他们最粗野,他们的不满情绪很可能会演变成暴力破坏社会、危害社会。建立劳工学院是英国历史上一件非常惊人的事情。我们再看157页最后一段引文,这是摩利斯1859年在另一所劳工学院演讲中的一段话:

> 我听到一个又一个有智慧的人承认说:"10年前我们的想法不一样。但是,从那时起,我们都感觉到了我们与工人阶级的一种新关系。"……我承认,这确实引起我们的恐惧,但这不是对我们的财产和地位的恐惧,而是对自己未曾尽到我们的教育所赋予自己的责任的恐惧,这些责任比地位和财产赋予我们的责任更为重大。

你们觉得他是在唱高调呢,还是真心的?我觉得两者都有。你可以说他是自我辩护,但我认为两种因素都有。当时的文化阶级可能真是有强烈的意愿要教导工人阶级,把工人阶级整合到文化阶级中来。

我想特别讲一下英国工人教育的问题,因为这和威廉斯本身有非常直接的关系。1854年成立工人学院的时候，它是一个非常独立的运动，但后来面临一个大的分歧，就是要不要跟牛津大学、剑桥大学发生联系。1873年在剑桥，1876年在牛津，都建立了University Extension Class，也就是校外教育，主要对象是工人，这个传统一直延伸到1960年代。1903年成立了WEA（Workers' Educational Association），它是全国性的，在各个地方都有分支，在剑桥大学和牛津大学都设有专门的部门，派人到这些分支去。他们的经费由英国教育部专门拨款，直接由中央政府出钱，而且强调的是liberal education，文学占了很大比重。这是英国一个重要特点。威廉斯本人1946年毕业以后，一直到1961年，都是牛津大学WEA的教师，他的《文化与社会》的讲课对象就是工人。汤普森的 *The Making of the English Working Class*（中译本《英国工人阶级的形成》。——编者）也是如此，霍伽特也一样，他们三个人都完全参与了工人教育。佩里·安德森这类人当然从来没有做过这种教育工作。在1960年前后，英国有一个非常大的辩论，就是关于工人教育的问题，后来工人教育转向成了职业教育。也就是说，之前是强调对工人进行liberal education，1960年代以后基本上变成了美国化的职业教育，就像我们现在办的很多职业技术学院，都是强调教给人技能，而不是用大脑去思考。英国以前始终是一半大学的人、一半WEA的人坐在一起讨论上哪门课，由双方共同决定，这是英国曾经有过的一个非常了不起的传统，最鼎盛的时候，女王也要装模作样去讲一两堂课。

英国上层阶级在这样一种文化批评的传统中，非常自觉地意识到要在文化上把下层阶级整合进来，培养他们对英国宪政的忠诚。对英国宪政的忠诚就是对女王的忠诚，对贵族的忠诚。英国宪政是三位一体，女王、上院和下院，缺一不可，应该说它是高度成功的，也是佩里·安德森他们这些左翼所极端愤怒的——工人阶级社会，包括工党，都是如此地忠于统治阶层，如此地被他们以文化霸权吸纳进去，以致英国根本没有任何社会革命的可能性。英国左翼尤其自卑、懊恼的是60年代学生运动没有英国什么事儿，美国、法国都闹得很厉害，英国是没有什么事情的，这对英国左派来说简直是一种耻辱，表明英国是没有革命传统的。结果是越闹不起来，他们就越要闹，也就越来越激进。

这里面还有一个小插曲。1970年左右德国的一个学生运动领袖申请到剑桥大学读威廉斯的博士——威廉斯1961年返回剑桥大学当教授，英国当局经过慎重考虑，决定"有条件的接纳",条件是不准参加任何政治运动,不与任何政治组织来往。结果威廉斯的这个博士生一年之后就被驱逐出境,因为他参加了一两次政治组织的会议。威廉斯非常愤怒,认为英国完全没有自由。英国是一个非常值得研究的国家,很多方面都非常特别。

希望大家把阿诺德这一章读一读,这是一个重点,中心问题是如果不以文化来整合社会,特别是同时教育上层阶级、资产阶级和劳工群众,那么这个社会将走向无政府。当然,这个无政府不是我们理解中的无政府,"archy"在希腊语中是基石、原则的意思,"anarchy"就是没有任何基石,所有东西都会分崩离析。阿诺德的《文化与无政府状态》在分析社会的同时也是在做阶级分析:上层阶级如何,资产阶级如何,工人阶级如何,哪个阶级足以担当英国的文化领导?这是《文化与无政府状态》的重点所在。

今天的课就上到这里,明天我们继续讲《文化与社会》。*

---

* 从"导论"至此,为2010年8月13日下午授课内容;此后为2010年8月14日上午授课内容。——编者

今天我们继续来读雷蒙德·威廉斯的《文化与社会》。这本书在1958年出版后相当广泛地被采用为大学教材，可以讲一个学期，也可以讲两个学期，因为它里面涉及西方思想史上赫赫有名的一些人物。我们这次要在六小时内讲完这本书，确实有点费劲，但我还是希望尽可能地把这本书过一遍。昨天我们读的是第一编"十九世纪的传统"，讨论了一百年左右的时间里英国思想的发展脉络，中心内容是在讲英国作为第一个工业资本主义国家，随着早期资本主义的进展，同时发展出一个对资本主义批判的传统，威廉斯将这个传统命名为"文化与社会"。也就是说，"文化与社会"这个书名，同时是他对英国批判传统的一个命名，我们会特别注意到，首先他强调的是，这个传统是由立场、倾向、气质、性情极不相同的各种人所奠定的，从大的方面来讲，它是由两个传统——保守主义传统和社会主义传统所组成的。

顺便补充一下，在写作这本书的1950年代，威廉斯是一名社会主义者，但并不是马克思主义者，70年代后他似乎也转向了马克思主义。他在这本书的最后讲到了马克思主义，全书语调最激烈的可能就是这一章了，他主要讲的是英国马克思主义对文化问题的梳理，当然威廉斯本人对马克思和恩格斯是高度尊重的。在保守主义、社会主义、自由主义这三股势力同时出现的情况下，他的"文化与社会"隐含的是社会批评，而不是政治批评。英国一个非常大的特点是，所有这些批评家，包括社会主义在内，都从来没有提出过要推翻英国的现存政府，虽然对女王、贵族院有非常多的不满，但并没有提出过要推翻他们。我们在接下来的内容中还会看到这个问题，这是英国的一个特别之处，在某种意义上可以说，英国统治阶级虽然不断经历危机，但它的统治是牢固的，这是世界史上一个罕见的例子。

如果我们回到晚清时代，康有为的整个改革路线其实是一个英国模式。推荐大家读一下康有为的《欧洲十一国游记》，他对欧洲各国，特别是英国、法国的差异的了解是非常令人吃惊的，远远超过我们今天的理解水准。康有为之所以要保皇，就是因为他要走英国道路，他坚定地希望避免法国大革命的道路，即在保存君主制的前提下实行自上而下的改革，这是康有为的基本路线，并不像后来那种简单的批判所描述的，我觉得这整个历史需要重新审视。这是康有为从来没有变过的一个基本看法。他认为君主制一旦被推翻，必然陷入法国大革命那样一种激烈的革命过程，很多结果将无法控制。

昨天我们讲到第六章"纽曼与阿诺德",这部分我再补充讲一点。阿诺德这本《文化与无政府状态》在英国文化史上特别有名,书名本身就非常典型地概括了我们前面讲的整个19世纪以来的一个基本问题:文化,还是无政府?这里的"无政府"并不仅仅是指政治的无政府,或者社会的无政府,同时包括个人内心的无政府,即精神生活的无所归依,完全是一种混乱状态。我们看164页倒数第二段:

> (阿诺德)看出后果表现的两个方面:当个人的看法成为唯一标准时,则会有精神上的无政府之忧虑;日趋兴盛的阶级发挥其力量时,则社会上就可能产生无政府的担心。

整个社会没有一个基本的文化道德标准,每个人都自以为是,这是他所说的一个问题。所谓日趋兴盛的阶级,包括新生的企业家阶级,也包括无产阶级。

阿诺德的这本书在当时的英国引起一场非常大的辩论,当然阿诺德本身是一个有名的诗人,也是一个教育家,在当牛津大学诗歌讲座教授之前,他是一个中小学教育巡视员,相当于我们现在的省教育厅厅长,所以他对教育有很深的了解。这也是威廉斯在这里一再强调的,即要联系着阿诺德的实际工作来处理他对教育的看法,对文化与无政府的看法。英国的一个特点是,所有这些作家都同时深深地陷入社会事务当中,阿诺德实际上是政府公务员。

当然,阿诺德的这本书也有一些毛病,他的语气有点轻佻,所以非常使人烦躁。他说:我们老说贵族阶级、资产阶级、劳工阶级,这些名词都听厌了,还是起两个好记一点的名字,所以他给三个阶级重新命名。什么是贵族阶级呢?他说贵族阶级就是野蛮人,他认为贵族并不代表他所主张的文化,贵族阶级的一个特点是热爱个人自由,这种自由与特权联系在一起,贵族特别担心失去他的特权,也就是失去他的自由。我们在《文化与社会》一开头就讲到埃德蒙·伯克,埃德蒙·伯克有个非常有名的说法:谁是最热爱自由的呢?是美国南方的奴隶主,因为奴隶就在他身边,他非常知道失去自由意味着什么。伯克是非常坚决地支持美洲革命的。

另外阿诺德讲贵族的部分,威廉斯没有在这本书里谈。阿诺德对当时英国的三大阶级做了一个分析,如果文化是大家所认可的一个社会目标的话,到底谁是文化的担当人?他说三大阶级都不是。他说贵族是野蛮人,所谓野蛮人也并不是贬义，贵族特别注重体育和户外活动，所以他说贵族注重的是外在的一套文化，举止的优雅、身体的健康等等，对文化没有什么领会，这是他对贵族阶级的一个评定。那么他对中产阶级或资产阶级是什么看法呢？他认为是"市侩"。我们看162页：

> 文化说道：细想一下这些人民，他们的生活方式，他们的习惯，他们的举止，他们说话的口气，看看并注意他们，观察他们阅读的文学，他们引以为乐的东西，他们嘴里说出来的字眼，他们心里装的思想；如果拥有财富就变成这些人这等模样，那么，还值得拥有任何财富吗？

我前不久看到一组图片，讲的是一个山西煤矿老板在一家酒店消费了20万，但是身上只带了10万元现金。这家酒店也很奇怪，非要现金。那么他怎么办呢？他打了个电话，叫人运来了20万，都是1元面额，几十麻袋运过来，统统倒在酒店大厅里。你们点吧。酒店只能把所有的工作人员都叫过来数钞票。"看看这些人，看看他们的生活方式，看看他们的习惯，看看他们的举止……"大家都想去念商学院，都想当这样的人。英国当时也是这副德性。这样一些人怎么办？以财富作为社会的榜样，把最有才华的人都变成这样的人，这就是它的问题所在。

阿诺德既没有讨好贵族，又说老板们市侩，那么工人阶级呢？也不行。他把工人阶级称为"平民"。我们看171页他对工人阶级的描述：

> 正在开始肯定并实践一项英国人为所欲为的权利：即他随处游行、随处集会、随意进出、随意叫喊、随意恐吓、随意捣毁的权利。我说，所有这一切都走向无政府。

> 他的人数极多，又是原始粗野……没有确立的秩序和安全，我们的这个社会根本就无法生存和发展；随着秩序感和安全感的正在消失，通常来说，对我们的威胁似乎也开始了。

我们现在的社会也差不多如此。

从伯克到柯尔律治，再到阿诺德，都是认为文化要由国家和政府来支持，而不是私有，不是由市场产生，对他们来说，市场是绝对不可相信的。但是阿诺德认为三个阶级都不可信,那就必然会有质疑:你说的文化、国家到底在哪里呢?阿诺德认为这并不是难题,他认为在三大阶级的每一个阶级里面,都有一些这样的人,可以超越本阶级的偏见、利益,从一个公共的、共同的人性角度来考虑问题。

在阿诺德这章,我们同时可以看到威廉斯的一种强烈反弹,这是他在整本书里第一次出现比较强烈的反弹:对于阿诺德对贵族阶级、资产阶级的描述他都没有异议,但是阿诺德对工人阶级的描述使威廉斯大为反弹。从中我们可以看出威廉斯作为一个工人阶级家庭出身的学者的基本立场。

第172页,威廉斯说:

> 我们看到阿诺德屈服于他那个阶级的一个"陈腐固定的概念或习惯"。无论怎么说,那个正在组织自己、时而进行示威的工人阶级都不是在寻求摧毁社会,而是在寻求改变当时流行的社会秩序排列的方法。他们寻求的往往只是补救某种冤屈的方法而已。

173页第二段:

他的偏见克服了"正确的理性",情感上的巨大恐惧遮暗了光明,从他的"叫嚣、咆哮、恐吓、粗野、捣毁"等用语中,可以看到这一点。

接下来,是威廉斯自己对英国工人阶级的一个表述:

> 英国工人阶级自起源于工业革命以来,最显著的事实就是工人阶级运动有意识地、认真严肃地避免普遍的暴力而坚定地相信有其他的前进方法。英国工人阶级的这些特征,往往不受它更为浪漫的拥护者的欢迎,但是这些特征是一种真实的人类力量,也是一份珍贵的遗产,因为它代表的是一种积极的态度:这不是懦怯的产物,也不是麻木不仁的产物,而是道德信念的产物。我认为这是英国工人阶级对"追求完美"的更大的贡献。

"追求完美"是阿诺德对文化的定义。这段话可以从两面来看,对于佩里·安德森来说,这恰恰是工人阶级保守性的明证:没有革命性,不值得表彰。自这一章以下,劳工阶级、左翼会逐渐变得强势。

尽管威廉斯对阿诺德有如此之强的反弹，但还是一再强调他的正面性。比如他说有些人常常批判阿诺德不注重社会而只注重内心，他引用了好几句话来说明阿诺德的中心意思是强调文化，并不是一个个人修养的问题，而是整个社会、全体同胞的一个进展，如果仅仅是孤立的个人文化，这种文化不可能发展。阿诺德没有个人主义的倾向，这是威廉斯一再强调的，也是他对阿诺德给予高度肯定的原因。

文化的作用有赖于国家政府，唯一的问题是国家政府如何做。我们之前讲到，工人教育委员会1903年成立以后，和牛津大学、剑桥大学进行合作，这完全是由英国中央政府直接拨款的。这实际上体现了他所说的，国家和政府对于整个社会的文化教育应该如何去着力。这方面在英国是有所体现的。

第七章"艺术与社会"是19世纪的结尾，谈了三个人——普金、罗斯金、莫里斯。罗斯金是建筑设计方面的宗师，莫里斯是工艺美术方面的宗师，都是非常不得了的人物。威廉斯把19世纪归结在莫里斯这里。我昨天一开始就讲到，这本书里讨论的大多数人物都是左派不喜欢或者讨厌的，唯一接受的是莫里斯，因为莫里斯是一个坚定的社会主义者。但是莫里斯在这一章里面处理得并不是特别详细，原因可能在于，在这本书之前，汤普森有一本书是写莫里斯的。

这章"艺术与社会"里面讲的，我们前面引用过，就是社会主义的传统和保守主义的传统共享一些最基本的术语、用语、批判的着力点，比如"有机社会"这个概念，在罗斯金和莫里斯这里非常明显，但这个概念同时引出两个不同的方向——一个走向保守主义，一个走向社会主义。

威廉斯首先讲的是普金。我们曾经讲到英国的"古今之争"，"古"是指英国的中世纪或欧洲的中世纪，普金强调的是用一个过去的、消逝的乡土社会、农村共同体——贵族总是和土地联系在一起，因为贵族有封地，光有一个厂房成不了贵族；而土地又必然和人民有比较密切的关联，所以这种农村共同体比较含混，到底突出的是农民、乡土工人还是贵族，有时候比较含混——来对比现在的英国，工业革命以后的英国。

我们看180页的最后一段，会让人想起福柯：

（普金）这是把建筑的判断扩大为社会的判断，在实际对比中，更有精彩的延续，如对称的版画对比。……其一是边沁式的功利主义圆形监狱，看守的狱长带着皮鞭和脚镣、监狱规定的面包、麦片粥和马铃薯饮食单，死去的贫民正被运出去供人解剖；其二是修道院，与周围的乡村环境处于自然的关系，有仁慈的院长、衣着舒适的贫民、宗教的葬礼，以及牛肉、羊肉、熏肉、啤酒及奶酪的饮食单。

这样一个"过去与现在"的主题不断地出现。毫无疑问，中世纪的乡村是一个理想化的图景，虽然这种理想化有它一定的基础，我们下面还会看这个问题。紧接着威廉斯把1440年的一个天主教小镇与1840年的同一个小镇进行对比，今不如昔。在中世纪，"有机共同体"的概念是一个核心。也就是我们一再讲的，无论社会主义的批判，还是保守主义的批判，中心是一个"有机共同体"的概念。对保守主义来说，这个有机共同体就是以前曾经存在过的乡土社会。这样一个保守主义倾向在罗斯金身上发展得更为突出。

罗斯金经常会被说成是社会主义的先驱人物，因为在19世纪，社会主义的批判和保守主义的批判常常是重叠的，特别是在运用"有机社会"这个概念的时候。但是保守主义，像罗斯金，强调的是一个等级秩序的社会，他在反对民主、反对资本主义关系的同时，支持的不是社会主义社会的概念，而是强调等级特权。他认为如果没有等级特权，必然会变成一个分解的、原子式的个人主义社会。他们批判的中心都是工业社会、资本主义社会里面人与人之间完全没有内在关系，只是商业市场上的个体之间的关系。

我想再读一遍190页威廉斯的一段总结，工业资本主义与自由主义所主张的人与人之间的唯一关系就是现金交易关系，在对这一点的批判上，保守主义和社会主义是完全相同的：

> 一种保守主义的思想家与一种社会主义的思想家，似乎使用同样的措辞来批评放任主义社会，并且表达了关于一个更优越的社会的观念。这种情况一直持续至今，现在，在这种保守思想和马克思主义思想中，"有机"都是一个中心术语，共同的敌人是自由主义。

这是威廉斯在19世纪终了的时候对两大传统并立的描述，基本上可以看出保守主义与早期社会主义有更多的共同性。

关于罗斯金，我们再看一下193页最后一段引文：

> 政府与合作是……生存的定律。无政府与竞争是死亡的定律。

这又和阿诺德的"文化与无政府"的主题是一样的。

罗斯金有一个很大的特点，虽然他基本上延续了文化的传统，但是罗斯金把全部的矛头对准了市场社会的经济制度。在这点上他和阿诺德很不一样，阿诺德似乎更为圆滑，避免直接的、过分的攻击，着重谈的是文化问题。阿诺德的《文化与无政府状态》在杂志上是连载完的，而罗斯金的文章直指经济制度，对资本主义的批判太过猛烈，刊到一半就被中止了。当时的人认为，罗斯金在经济方面大放厥词，试图改变这个工业资本主义制度。

威廉斯以莫里斯作为19世纪的结尾，莫里斯最大的特点是，他在批判早期资本主义方面与罗斯金他们一脉相承，但是莫里斯不再相信一个曾经存在过的中世纪的乡土共同体，而是认为希望在于一个新兴的劳工阶级。莫里斯是最受罗斯金这些人影响的，矛头直指资本主义经济制度本身，但是另一方面，他认为希望并不在于恢复到过去，也不在于少数人的文化，社会改造的真正希望是在未来有组织的工人阶级。也因此，莫里斯的《乌有乡消息》(News from Nowhere)成为空想社会主义的一个重要源泉。

按照威廉斯的看法，莫里斯的主要对手之一，其实是阿诺德。莫里斯认为资产阶级在文化上根本不可能被改造，他也不认为少数人的文化能够起到作用。206页莫里斯的一段话非常具有挖苦意味，某种意义上是他对阿诺德的一个反弹：

> 尽管有一小群人有意识地、极为努力地致力于艺术的复兴，世界各地仍然日益丑恶和庸俗。

我们可以看到这里面隐含的一个共同思想前提是艺术、文化并不仅仅是自我完善的问题，而是能够使社会变得更好，更美，不能日益庸俗和丑恶。

> 他们的努力与时代的趋势如此明显地脱节，没有教养的人既未听说过他们，有教养的人把他们视作笑谈，甚至连他们自己也开始感到厌倦。

莫里斯并不认为这是一条出路,所以他是反对"为艺术而艺术"的。我们马上就会看到,到19世纪末的时候,阿诺德他们逐渐开始有一种"为艺术而艺术"的倾向。

威廉斯的总体倾向是:只有在未来的工人运动里面,才可能同时有社会改造和文化改造的希望。在关于19世纪的这一编结尾处,威廉斯强调,莫里斯的整个社会改造的中心仍然是以文化为最高的依据、最高的目标,而不像接下来会讲到的费边社会主义那样,仅仅关注外在的社会改造、社会分配的问题。费边社会主义已经放弃了以文化为出发点和目标的传统。

第二编　中间时期

第二编"中间时期"我们简单讲一下。

这本书的开场是1780年，到中间时期开始的1880年，整整一百年已经过去了。对于1880年到1914年的这样一段中间时期，威廉斯所要强调的是，它既不同于19世纪的传统，也不同于威廉斯这一代人（1920年代出生）的感觉。在这个中间时期有一些非常深刻的变化，19世纪那种高目标、高追求的传统逐渐消失，对社会改造的理想日益幻灭，于是便会出现很多问题。

这里面有些问题是承袭原先的，少数人和多数人的问题当然是自柏拉图、亚里士多德以来的西方政治哲学的中心问题。但是，在工业资本主义条件下，多数人的问题比以往任何时候都更加复杂，也更加突出，因为这是一个不可回避的问题。在19世纪时，英国思想中有一种潜在的想法，即多数人可以在文化上被提升到和少数人一样的程度，这是当时社会文化改造的一个总体方针。但是到这个时期，我们看217页马洛克的两段话：

> 少数人无论为文明添加什么可能的东西，多数人都必须根据他们的才能与之分享。

这是马洛克要讲的第一层：只有少数人能创造真正的文化。而这又是以多数人接受少数人的领导为前提的，这是他的第二层意思：

> 除非多数人服从具有超人能力的少数人的影响和权威，否则将没有人能享受到诸如物质上的舒适、机会、文化以及社会自由这些利益。

少数人统治的寡头政治是一个不可更改的政治原则，民主只是一个托词——这是19世纪末20世纪初转型期间非常普遍的一个看法。当然，英国是比较特殊的，因为在意大利或其他地方，社会基本处于混乱状态，这种看法只是理论家的空头理论；而在英国，这些想法和现实政治完全联系在一起。马洛克的《纯粹民主的界限》这本书就是反对这样一种民主。

218页有一段马洛克非常有名的话，表达他对"平等"的看法：

机会平等的欲望——地位上升的欲望——以古今各国具有典型道德的人的实际经验而论,是说人人(他自己也包括在"人人"中,但他本人认为自己是个杰出的人物)要有机会取得某种不是与别人平等,而是比所有人的才能所能获得的地位或条件更优越的地位或条件。

这就是说,纯粹民主本身是个幻想,人人都要追求平等,但其实人人追求的又不是平等——我追求的不是和你一样,而是要比你更好,比你得到的更多。这是一个恶性循环。所以他认为平等的问题本身不是一个外在的问题,而是深植于人性之中,市场、民主不过是助长了每个人超过他人的心态,社会秩序会完全陷入混乱当中。

这是中间时期的一个重要特点,即对于19世纪那种对理想社会的追求,日益感到不现实、无可能。所以从中间时期开始,我们会明显感觉到字里行间的情绪越来越低落,读起来也越来越没劲。19世纪有一种高扬的东西,是在早期资本主义出现时,英国社会最优秀的思想家、作家、艺术家对于人类的看法,探讨如何改造这样一个资本主义社会,同时感觉仍然有可能去争取一个更好的社会。而在世纪末的时候,这种追求、理想变得越来越黯淡。这也直接导致了"新美学"的出现。

"新美学"这一节我今天不讲了,里面主要讨论的是王尔德,基本理念是"为艺术而艺术",和19世纪相比这是一个变化。19世纪的浪漫派,一直到阿诺德,威廉斯一再强调的是,文学艺术是与追求一个更美好、更理想的社会联系在一起的,即有一个社会目标,文学批评、艺术批评本身是一种社会批评。而一旦社会理想开始幻灭,必然会走向"为艺术而艺术",艺术开始与社会脱节,不再指向社会改造,不再追求一个更好的社会。这是威廉斯在"新美学"这一节所要讲的问题,虽然他也强调了王尔德并非仅仅如此,而是仍然隐含着19世纪传统的某种东西。

"吉辛"这一节我会重点讲一下,虽然他今天已不大为人所提起。吉辛的小说是表现社会理想幻灭的一个典型,从中可以看出文学所面临的处境,文学已经受到大众媒体的严重威胁,文学已经不可能存在。吉辛写于1891年的小说《新格拉布街》,以对比的形式写了两个不同的作家,一个是老派作家,完全不能适应市场,另一个是新派作家,他的创作出发点是捕捉市场需要什么。我们看229页的这段引文,这位新派作家得意扬扬地说：

> 他赶不上时代了；他卖稿子的样子简直就像他还住在约翰逊博士时代的格拉布街一样。可是我们今天的格拉布街变了样：它有电报传播设备，它知道世界各地需要什么样的文学食粮，无论街上的居民怎样寒酸，但都是精通生意的买卖人。

所有文学作品都是商品，大家都在交易；经过1990年代转型期的很多中国作家对此大概有切肤之感。在企业家看来，文化、文学、艺术都是商品，和鞋子、袜子是没有区别的，只不过是哪个更赚钱的问题。我们看230页的引文，描写的是《新格拉布街》中那位企业家的想法：

> ……这些人在火车上、公共汽车和电车上都要有一些读物来消遣。除周刊外，他们通常是不喜欢看报纸的；他们要的是最轻松、最明显的花边新闻——片断故事、片断描写、片断丑闻、片断笑话、片断统计、片断愚蠢杂感。……在我的报纸中，每篇文章占的版面都不要超过两英寸长，每英寸都

至少必须分成两段。

在1880年到1900年的英国，即所谓世纪末，所有的严肃文人都感觉非常怪，就像1990年到2000年的中国。文章越来越短，图片越来越多，好像页码很多，其实没多少文字。

所有这些新的社会现实导致了一种幻灭感，暴露了青春期社会主义、青春期激进主义的幻灭感。我们看232页的最后一段引文，吉辛的小说非常具有表现力，这段话是《失去阶级地位的人》中一位青春期社会主义者的自我描述：

> 我常常以撕碎以前的自我而自娱。在忙于猛烈的激进主义、工人俱乐部演说以及类似事情的那些日子里，我并不是一个自觉的伪君子；我当时错在太不了解自己。为受苦的群众而发出的那股热情，只不过是一种为我自己饥不择食的激情而迸发的热情的伪装。我穷困而濒于绝望，生活没有乐趣，未来似乎无可指望，但我全身洋溢着剧烈的欲望，我的每根神经都像是一个呼喊着要吃饱肚子的饿汉。……我认同于贫苦与无知的人；我不是把他们

的主义引入自己的主义，而是认为我自己的主义就是他们的主义。

大家尤其要注意最后两句话，这是今天西方左派最典型的青春期社会主义的特点：他们关心第三世界的人民，但不是把第三世界人民的所想所望引入他们的主义，而是要把他们自己的主义引入第三世界人民的主义，然后他们就会失望。

这实际上是出于个人心态的某种无所着落，而去认同比自己更惨、更苦的阶层，从而满足自己的心理需求：似乎我很有正义感，有高贵的追求，似乎我非常同情受压迫、受剥削的群众。我们看233页威廉斯的总结：

> 这种消极的认同，造成了大量的青春期的社会主义和激进主义，尤其是正在脱离本阶级的社会标准的青春期社会主义和激进主义的原因。叛逆者在反叛的心情中发现有个明显的主义可以代表被社会驱逐的人。他认同这个主义，而且经常是狂烈的认同。但是这种认同将会牵涉到实际关系，并且在这个阶段，叛逆者即面临着新的危机。

接下来这几句很关键:

> 问题不仅是他通常不会情愿接受那个主义的纪律,而且更为根本的是,他一向认为被驱逐者阶级是高尚的阶级,其实完全不是一回事。被驱逐者阶级的成员非常混杂,既有很好的成分,也有很坏的成分,而且生活方式与他自己的方式不同。……在通常的情况下会导致产生幻灭。那个主义不会正好是他所追求的;受压迫的阶级有他们自己的意图、执着和缺点。

也就是说,劳苦大众本身不该被理想化,否则你一旦接触他们,就会发现他们并不是你想象的那样,有时他们确实表现出不好的品质,一方面造成自己理想的幻灭,另一方面社会改造产生不实际的目标,最后导致双方的绝望。

从233页到234页,威廉斯大做文章,实际上是在批判英国当时与他同代或者年龄比他更小的左派:

> 例如我们自己这一代的情形:在30年代认同于工人阶级,现在则转而认同于受压迫的殖民地人民。

他们在第三世界被压迫的殖民地人民那里找到了一个新的主义，因为他们发觉英国工人阶级不需要自己了。他们需要找到一个新的被压迫阶级，来使自我的正义感得到满足。威廉斯在这里是极端的讽刺。因为威廉斯出身于劳工家庭，他认为相当多的左翼，那些出身于中产阶级家庭甚至非常富有的家庭的左翼，实际上对劳工并不了解。他们经常把各种人群理想化，一会儿把同性恋理想化，变成社会改造的急先锋，一会儿把学生理想化，最后发现人其实都是一样的。

一旦社会理想幻灭，就会有两种趋向：一种是继续寻找新的同情对象，新的受压迫阶级，如果西方世界没有，那么就转向第三世界；还有一种就是寄托于艺术，也就是说，艺术与造就更美好社会的理想已经脱节。236页，威廉斯转到了下面会不断出现的一个主题，也就是被驱逐、自我流放：

> 与继续在演讲厅和街头的如此喧闹相比，在人类的其他事业中，有一种工作……在世界的混乱之外，寻求精神理想、让灵魂被美好俘虏的一些人的工作。

威廉斯对此还是比较同情的。他接下去讲的是，吉辛本人要在世界的混乱之外，寻找另外一方净土。到哪里去寻找呢？吉辛本人又回归乡土社会，回归没有被工商主义腐蚀的旧秩序，回归对工业的不信任，对科学的不信任（他认为科学是"死不改悔的人类敌人"）。他的信心在哪里呢？对于这样一种旧秩序，为什么吉辛认为它仍然可以存在下去呢？因为他认为英国人热爱常识，不信任抽象的东西，所以英国从前的那种旧秩序仍然有可能存在下去。

我们看237页，威廉斯对吉辛的总结：

> 这是一个令人信服的结论，还是一个极其敏感又极为孤独的人在世界的混乱中所做的一种绝望的合理化呢，我猜想这是智者见智、仁者见仁的事。

威廉斯本人在五六十年代经常处于思想上很孤立、与左右两边的关系都颇为紧张的一种状态，所以对于那样一种孤独，他往往会比较同情和理解。

接下来是第四节"萧伯纳与费边主义"。萧伯纳对二三十年代的中国影响非常大，对民国时代的很多文人、思想家都有影响，他也来过中国，和鲁迅等人都有交往。萧伯纳之所以那么有名,首先是因为他非常有同情心,关心劳苦群众,不懈地为劳工争取利益。但是我们看这一节的第一段引文,237页,这是萧伯纳《一个老革命英雄之死》里的一段对话:

"我面前不就是工人阶级那位不折不挠的老朋友乔治·伯纳·萧么?你好,乔治!"
……那时候我并不老,对工人阶级的感觉也只是一心想把他们消灭,用通情达理的人民来取代他们。

这段话非常典型,一方面他很同情劳工,另一方面又想着如何用文化教育来使他们摆脱劳工的状态。萧伯纳有一个问题就是总在冷嘲热讽,挖苦话说得太多,也难免令人厌倦。我们看237页的最后一段引文:

伦敦的社会主义运动唱着艺术与文学爱好者的调子时……大家认为只需要把社会主义教给群众,这就像是把良种播在气温适宜的处女地上,只要等着种子自生自长就可以了。但是无产阶级这片土地,既不是处女地也不是气温特别适宜……

这段话的意思是说,从劳工阶级、无产阶级这片土地上是生长不出文化和教养来的。接着他又说:

> 真实的情况是,被虐待的人民比被妥善对待的人坏:归根结底,这就是我们为什么不应该让任何人受到虐待的唯一有力的理由。……我们所以应该拒绝将贫穷当作社会惯例来忍受,这不是因为穷人是社会的中坚,而是因为"穷人终归是坏人"。

如果不断地制造穷人,就是不断地制造坏人,不断地制造败坏的社会秩序。这段话非常非常尖锐,所有人听了都会跳起来。当乡土社会、乡土共同体的纯朴逐渐消逝,我们发现实际上穷人陷入一种比较糟的状态,他的心态会变得非常极端,由于不断受到社会压迫、社会剥削,往往倾向铤而走险,用杀人放火的方式来伸张自我。杀人似乎变成了伸张正义的唯一手段,是这样吗?这是一个社会应该有的态度吗?我觉得这是一个十分严重的问题,需要大家认真地讨论和思考。

接下来威廉斯分析说,萧伯纳认为平民的本质是恶,但这种信念不能被歪曲来看,这种信念寓于萧伯纳

一种根本的、更为深刻的感情之中,也就是接下来的这段引文,萧伯纳说:

> 在资本主义下人类总的说来是可憎的。……富人和穷人实在都可恨。就我来说,我恨穷人,巴不得他们消亡。我有点儿可怜富人,但也同样一心希望他们消亡。工人阶级、商业阶级、职业阶级、有产阶级、统治阶级,一个比一个可厌;他们没有权利活下去。如果我不知道他们不久就会死亡,而且没有必要让像他们那样的人来取代人民,我真的要绝望极了。

萧伯纳还是认为社会需要一种改造,所以他转向了费边主义。我们需要仔细地去想,在19世纪末,他为什么会有这样一个反应;而且我们一定不要忘了,萧伯纳本人以同情、帮助劳工运动而著名,如果不是因为如此,他也不敢这么放肆地讲这段话,否则要被乱棍打死的。英国的社会主义传统非常广泛,费边主义的社会主义,基督教的社会主义,都是社会主义。凡是比较优秀的、比较有良心的人物都是社会主义者,这是英国的一个特点。

萧伯纳既然对整个资本主义如此不耐烦,既然不相信革命,那就必须找另外一种可能性。239页:

> 萧伯纳始终都未能摆脱这种进退维谷的境地,但是有一段时间,尤其是80年代与90年代,他遵奉的是一种特殊的、以费边主义为顶峰的英国传统。

萧伯纳没有走莫里斯的路,他并不赞同把希望寄托于莫里斯意义上的工人运动,而是寄托于费边社会主义。"费边主义直接继承了穆勒的精神",我们之前讲过,穆勒曾经批判边沁只知道外在改革,试图用文化来补充社会改革。这是萧伯纳个人与费边主义的关系。韦布夫妇的改革是不考虑人的内心世界的,只是着力于社会改良、福利社会的逐渐引入。萧伯纳本人则更接近于穆勒,以文化来做补充;但是萧伯纳常常表现出一种灰心。240页,他说:

> 这些热心人觉得,真理如此明确、冤屈如此难忍、幸福如此可信,他们一定能把全体工人——士兵、警察以及所有的人——召集在人类皆兄弟与人

类应平等的旗帜之下,从而一下子把正义推上她应坐的宝座。不幸的是,正如蓟草长不出葡萄,在19世纪文明孕育的人类中也招募不到这支光明的大军。

萧伯纳总是希望与绝望并存。

关于费边主义,威廉斯讲得并不多,因为像威廉斯这样的左翼并不认同费边社这种温和的改革。当然,实际情况是,在费边社的推动下,工党竟然成为一个执政党,这是非常罕见的一个特例。英国工党是一个明确的工人阶级政党,党纲上写着社会主义的目标是国有企业,党纲的第四章第四条就是关于国有企业的,一直引发辩论,最后在布莱尔时代被取消。

顺便讲一下,我们现在把法国的执政党翻译成法国的社会党,其实它的名字叫法国社会主义党,只是因为我们原先的意识形态不承认他们的"社会主义",所以把它变成了社会党。英国工党也是工人阶级政党,是社会主义政党,明确地以社会主义为宗旨,以国有企业为经济改造的中心,所有这些长久以来都不在我们的视野当中,以致我们把改革以后的选择变得非常狭隘。我们有必要重新以一种更广大的视野去看西方的社会主义,包括费边社会主义。

第五节"国家的批评者"其实讲的是基尔特社会主义，即行会社会主义。费边社会主义的一个特点是实际上继承了整个19世纪以来强调国家的这个传统。在245页，威廉斯非常简短地谈了一下费边社的问题，他承认：

> 劳工运动的政治行动总的来说是在费边社的指导之下进行的；在某些方面，我们如今是生活在一个韦布式的世界中。认为社会主义与国家行动一致，这就是韦布式世界的显著结果。

也就是说，要以国家的力量来制约资本的力量。在1950年代，英国的国有化程度之高，一直到撒切尔夫人的保守主义革命。而且英国工党的这样一个传统在经济纲领上同时也为保守党所采纳。但是在世纪末的时候，作为另一种选择的行会纲领被提出。这个时候仍然是诉诸以往的中世纪的乡土社会。在1990年，我曾经有两个月时间非常着迷于基尔特社会主义，当时对乡镇企业特别感兴趣，两个月后幻想破灭。乡镇企业似乎给我一个幻想，就是行会、地方的更主动的精神会有一个更好的发展；但实际上，在一个大规模的市场经济中，唯有国家才有重新调整资本的可能性。乡镇企业最后基本消失，这其实是很值得研究的。

基尔特社会主义对于费边社的批评，使我们想起穆勒对于边沁功利主义的批评。我们看249页：

> 费边主义的纲领是"太多智力而太少人性，以至于永远抓不住生活的现实"，这种纲领的支持者的心理使他们寻求"一种外在秩序"，因为他们缺少"任何个人的组织原则"。

但是在行会社会主义里面，我们会马上发觉，它所讲的内心的东西和19世纪强调的文化不同，它强调的是乡土社会共同体朴素的人际关系。我们会在劳伦斯那一章特别讲到这个问题。

第三编　二十世纪的见解

下面我们进入全书的第三编"二十世纪的见解"。

第一章讨论的是D. H.劳伦斯。劳伦斯的小说在1980年代初的中国是禁书，因为劳伦斯代表一个词：sex。当然这种禁止只是很短一段时间。威廉斯在这里特别强调，劳伦斯的中心问题并不是性本能，而是共同体本能。劳伦斯这一章特别体现了威廉斯本人的很多关切，这源于一个基本背景：劳伦斯是一个矿工的儿子，威廉斯对劳伦斯有一种同情的理解。他说劳伦斯是一个矿工的儿子，而又如此才华出众，很容易被统治阶级赏识，因而也很容易被同化，被纳入那个阵营。劳伦斯最大的问题是如何摆脱这种同化，我想在这当中，也表达了威廉斯本人的一种感受，因为威廉斯也是这样的人，他的父亲是一名铁路信号工，而他也是才华出众，进入剑桥。如何能保持本阶级的东西不被主流社会所同化，对他们这样的人来说是一个非常大的挑战。这样一种体会，其他出身于社会中上阶级的人是不会有的，他们本身就属于那个中上阶级，只不过有一个自然的反叛，有很多是赶时髦。

我们看263页最后几行：

> 出生于工业工人阶级的人只有靠艰苦的战斗，而且是在一个有利的阵线上战斗，才有可能逃过他为工业主义效力的功能。劳伦斯在形成他基本的社会观点时，不可能肯定自己能够逃过这样的劫难。他的天赋格外出众，这就使这个问题更加复杂。

只有威廉斯这样体会极深的人才会有这样一些感觉，因为整个社会的人，不但在日常事务方面，而且在个人感觉方面，都在不断调整自己从而适应工业主义的纪律和秩序。他说劳伦斯不是这个过程的局外人，所以对整个过程非常清楚。下面他引了劳伦斯的一段话：

> 在我那一代中，和我一起上学的孩子们，如今的矿工们，都被打倒了，被絮絮不休地鼓吹物质繁荣高于一切的寄宿学校、书籍、电影、传教士、整个国家与人类意识所打倒。

虽然他们是矿工，但是已经完全被主流意识形态同化，劳伦斯指出，要抵抗这些是多么困难。

在这之后，威廉斯转到了文化的另一个层面。他对劳伦斯有个批评，在265页第二段：

> 劳伦斯太专注于如何摆脱工业制度，因而从未认真地触及如何改变工业制度的问题。

劳伦斯的倾向是个人如何不被这个主流所同化，这也是对劳伦斯产生很多误解的原因。266页，威廉斯说：

> 这种"共同体的本能"在他的思想中极为重要：他论证说，比性本能更深刻，更强大。……他摈弃的不是社会的要求，而是工业社会的要求。

这里面涉及一个问题，从前希望改变工业社会的那种追求，日益变成采取一种个人逃离主义的路线，这个问题我们在奥威尔这一章会有更多的处理。威廉斯其实是在强调，劳伦斯和奥威尔并不一样，劳伦斯只是否定资本主义社会，而不是否定社会本身；而到奥威尔那里，任何社会都是丑恶的，任何社会制度必然是金钱制度，所以他拒绝社会。

267页这一大段内容需要大家特别注意,这里所表达的,是威廉斯这样一些工人阶级家庭出身的人对工人阶级的理解,这是一种从个人生活经验出发的理解,而不是中上层阶级对劳工阶级的外在理解,不是把劳工阶级理想化。这一段非常令人感动:

> (劳伦斯)具有生活在工人阶级家庭的丰富童年经验,他的积极命题大多由此产生。那种童年给予他的当然不是宁静或安全;连常言所说的,给的快乐也谈不上。但是它给予劳伦斯的比这一些都重要:即对亲密活跃的关系的感觉,这比其他的东西都重要。这种感觉是一座小房子里的家庭生活所产生的积极结果;这种家庭生活中没有子女和父母分离的心愿,例如离家上学,把子女交给用人照顾,或者交给育婴堂或游戏室之类的分离。

接下去的几句话尤其显出其个人的体会之深,而且我们中国人对此也会有很深的体会,即过于密切的人际关系有它的负面影响:

通常对这种没有分离生活的评论都强调其较为混乱扰人的因素：经常出现在大庭广众之前的吵架；发生危机时公开隐私；衣食的需求超过小量的物质盈余时导致了相互之间的怨恨。劳伦斯孩提时代并没有受过这些苦。应该说，在这种生活中，受苦与舒适、共同的需求与共同的补救、公开的吵架与公开的言归于好，都是一个持续不断的生活的一部分，无论好坏，都造成一种整体性的互相依恋的感情。

我想这才是对日常生活体验之深的感觉，而这里面就有文化的另一层含义，即文化作为日常生活。工人阶级有非常亲密的人际关系，但这种亲密关系并非都是正面的。人类的生活不是理想化的只有正面、没有负面，但也不是只有负面，没有正面。人类本身就是欢乐和痛苦并存的，这才是对人类生活一种比较实际的理解，而不是很多左翼思想家所想象的那种理想的、完美的生活。没有痛苦，哪来欢乐？整个这一段表现出威廉斯对生活的体会之深，对劳伦斯的体会之深。所以他接下来说道：

劳伦斯从这种经验中感受到同情的不断流动与

回报，在他的作品中，这一向是根本的生活过程。他关于亲密的、自然的生活的观念就是在这个基础上形成的，而且从来无意把它理想化为对幸福的追求：这一些都是如此切身的体会，他从来不作任何的抽象化。此外还有一个重要的意义，工人阶级家庭是一个显著的、互相合作的经济单位，直接包含着权利和责任。

这也是威廉斯自己的体会，他强调的是，虽然大家都在追求物质，但并没有导致人际关系的彻底分离。

这一点，对于那些以等级制、分离性、含有付款代工因素的家庭为其社会模式的人来说，只能在抽象中理解。

那些中上层家庭出身的知识分子，他们本身就生活在一种分离的人际关系中，对工人阶级的生活往往是抽象地理解，因此也就容易将其理想化，一旦接触到那种"大吵大闹"，便顿时感觉无法接受。

而劳伦斯的童年就生活在这样的家庭中，当他母亲去世的时候，所有的亲密关系解体，对劳伦斯来说就是整个世界的毁灭。他所熟悉的、眷恋的、认同的一种亲密的人际关系随着母亲的去世而开始分离。中国的很多家庭也有类似的情况，通常父亲是一个权威，一个纽带，一旦父亲去世，这种亲密关系就开始解体，当然也有仍然保持亲密关系的家庭。

下面讲到劳伦斯对于平等的理解。我们先看273页，在对劳伦斯的长篇引用之后，威廉斯说：

> 我认为这似乎是我们当代描述平等的最好文字。

这就是说，威廉斯本人也认同劳伦斯对平等的理解。劳伦斯讲的是，平等或不平等的问题只存在于物质经济关系当中，只有物质关系中的平等；个人才能的差异，文学素养的高低，等等，都不是平等的范畴，平等只涉及一个问题，即273页引文的最后两句：

> 只有我们之中的一人离开他自己完整的自我而进入物质的机械世界时，才发生比较。这时平等与不平等立即开始。

威廉斯对此似乎也是认同的，他说，一方面，并没有用个人才能的差异来否定物质平等；另一方面，也没有以平等的要求延伸到其他方面，比如对文化平等的要求等等。这个问题会越来越复杂。因为如果彻底平等的话，这个社会无法正常进行下去，你们的考试分数都会一致，也没有办法高考，这些都是不平等；但这个不平等之后又有某种意义上的形式平等，大家的考题是一样的。后面会反反复复讲这个问题，即到底如何理解平等。但是传统对平等的理解恐怕大大忽视了文化不平等对于其他不平等所造成的可能性，包括心理上的自卑感的产生。文化可能会造成一种"势利眼"，好像有文化就如何如何，形成非常虚伪的一套东西。所以文化这个东西极端复杂，我们不能因为有这样一种势利眼的东西而否认文化本身的价值，似乎文化只能产生这样一种功能。

昨天下午我收到北大一位博士生写给我的信，非常强烈地批评我的通识教育，信写得非常好，很有道理，不过有点片面，实际上跟我今天讲的东西有点关系。这些问题确实非常复杂。我推动通识教育的四五年时间里，经常有朋友跟我讲，这客观上对贫寒家庭子弟是不太公平的。这个问题的确很难解决，虽然在形式上是公平的，虽然我们强调进入大学后同样应该得到最好的教育，但是在强调经典阅读时，家庭背景比较好的城市子弟，和以往中学时代资源比较少的农村学生，两者之间确实存在一种不公平。但这些问题需要在实践中不断地去解决，并不能以此否定用教育提升人的可能性。这个问题我们下面还会讲到，关于平等，最大的问题会在文化上。

274页，威廉斯仍然是在强调，劳伦斯并不主张个人逃离社会，他引了劳伦斯的一段话：

> 只有在有生机的家乡，而不是在漂泊与分离之中，人才是自由的。
>
> 只有在归属于一个活生生的、有机的、有信念的共同体，积极地实现某种尚未实现的，或许尚未被意识到的目的时，人才是自由的。

威廉斯一再强调的是——也是他本人所认同的——劳伦斯拒斥的只是现存的共同体，而不是社会。这个现存的资本主义共同体，完全破坏了亲密的人际关系，是不能接受的。但劳伦斯并不认为人类不可能有这样一个亲密的共同体，他自己曾经生活在这样一个亲密的共同体之中，他也没有放弃这样的希望。这一章实际上隐含着与全书最后一章奥威尔的对照。

第三编的第二章讨论的是托尼，英国首席经济史家，他为人仁厚，在英国的文化地位非常高。托尼是比较能被自由主义者所接受的，同时也能被社会主义者、保守主义者所接受。他和以往的19世纪批评者有一点不同，他对早期的启蒙运动，对最早主张经济改革的人是给予肯定的。我们看281页的引文：

> 它是个人主义的，这并不是因为它把评价财富作为人类的主要目的，而是因为它有高度的人性尊严意识，并且希望人们能自由地去实现自我。

托尼对18世纪最早的经济改革者是持肯定态度的；但他马上又讲，继承这种遗产的19世纪个人主义则是处于另一种状态：

> 它似乎是在重复一个时代濒临死亡之际产生的词句，而且是不知不觉地这样做着。因为自从那些大师造出这几个词句以来，时代的大洪流已经改变了经济社会的面目，使这些词句只是徒有其名了。

这是在说，当初具有解放性质的观念，没有经过批判就被带入新的社会，并把财富、金钱作为新社会的教条，绝对的财产权和经济自由权变成整个社会组织、社会制度唯一的、最高的价值，这和18世纪是非常不同的。我们看283页上的第一段引文：

> 它将工业看成唯一的最重要的事情，并且把工业从人类兴趣与活动中应该占据的附属地位提高到作为判断一切其他兴趣与活动的标准的地位。

这与18世纪不同，18世纪是努力恢复经济生活的应有地位，认为贵族以外的阶层同样拥有经济权利，但并没有把经济活动视为整个社会的最高价值。然而19世纪的整个放任资本主义都走向了这个方面，而且托尼认为，现在的两党在这方面并没有什么区别。

在托尼看来，这种贫富差距导致英国成为一个分裂的社会，导致英国没有一个共同文化，不同阶层的人不能共享、认同一个共同文化；而且，托尼的一个特点是，他认为一个共同文化的基础在于经济，而非阿诺德认为的在于文化教育，托尼认为根本上是经济制度导致了不平等的问题。

我们看289页,第一句话就是关于"平等与文化"的讨论。我们会发现,第一编是文化对资本主义的批判,这是保守主义和社会主义都比较能够接受的,而到第二编,一旦转到平等与文化的问题,左翼和保守主义的分歧就会越来越大。在这个地方,托尼本人是更偏向左翼的,我们看289页上的倒数第二段:

> 托尼关心的不是要维护文化以反对工业主义,而是要建立一个"共同文化"。对于建立共同文化,贝尔的反对意见具有代表性:文化取决于一种标准,而这种标准取决于一些有教养的少数人;一个有教养的少数派与对平等的追求是不能并存的,这是因为这种并存只能把大家都降低到平庸的水平。

这是一个强有力的批评,虽然在社会观念上非常难以接受,但在文化观念上是个不可否认的事实。托尼似乎并没有对这个问题做出回答,291页上的第一段引文,托尼说:

> (富人)不见得比人民群众更希望在艺术、

教育或精神上的事业方面大方地花钱。

这当然是一个事实，但是威廉斯评论说：

> 正如阿诺德那样，我们同样可以做个令人信服的观察，将命题倒过来而问"群众"是不是艺术这类活动的可能的守护者。我们可以说，对文化的辩论本身并不足以成为赞成经济不平等的理由，但是，要推崇一个共同文化，只会说"你也一样"是不够的。

这是威廉斯的一个看法。接下来他说，托尼本身也陷入这个困境，下面一大段引文，托尼的基本意思是：一方面，没有严格的、精确的学识和欣赏标准，就不可能有真正优秀的东西；另一方面，文化如果只从本身吸取养料，而不从人类的共同生活中吸取营养，就会停止生长，也就意味着生命终止。到后面我们会看到，这也成为艾略特非常根本的一个命题，实际上也是威廉斯的一个命题。

再看292页中间：

（托尼）认识到一个文化必须成长与希望保全"现有的优秀标准"之间，存在着一个未解决的矛盾。

这个问题会越来越凸显，即在资本主义社会中，文化本身会逐渐被市场败坏，但同时，也会被用作反过来论证其他不平等的根据。这两方面的问题都会暴露出来。

接下来的两章，威廉斯比较奇怪，他把艾略特放在前面，利维斯放在后面，实际上按照年代或者问题，都应该是利维斯在前面。

我在参考书单上列了利维斯的《伟大的传统》和艾略特的《关于文化定义的札记》。艾略特1948年获诺贝尔文学奖，是1950年代西方公认的文化界领袖。他的诗歌是现代诗歌不可逾越的顶峰。不读他的《荒原》，几乎就是文盲，他的地位非常不一样。就在艾略特获得诺贝尔文学奖的同年，他发表了威廉斯在本书中讨论的《关于文化定义的札记》，很小的一本书。艾略特是非常反资本主义、反现代的一个人，他的《荒原》——严格意义上应该译为"废土"——隐含的意思是，从前产生农业文明的这块土地，在资本主义社会变成了完全不结果实、不可能生长任何东西的废土。这是我们必须了解的中心意思。整个西方文化世界从19世纪以来，就有一个对工商资本主义文明进行坚决批判的传统，这一点是必须搞清楚的。而不是像我们这样，以为文化也是要顺应市场，接受市场的标准，这就不会有真正的文化发展，而只可能有低俗的、庸俗的文化。这是保守主义一个重大的贡献，也是威廉斯这本书的贡献，就是去认真地讨论左翼的这个传统。而在后来的访谈当中，威廉斯非常清楚地讲到，他之所以想到写《文化与社会》这本书，是受到艾略特《关于文化定义的札记》这本书的影响，因为他完全能理解艾略特的关切，但他并不同意艾略特的很多看法，这就是保守主义和社会主义的差异所在。

在讲艾略特之前，我们先看一下利维斯。利维斯是威廉斯的老师，在整个英国文化史上只有两个人被称为doctor，一个当然是大名鼎鼎的约翰逊博士，第一部英文词典的编者；另外一个就是利维斯博士，可见利维斯在英国文化史上的地位不同一般，虽然他的作品现在也很少有人读。

在这一节里，我们会看到威廉斯对自己的恩师有高度的评价，但是也有不能认同的批评。简单地说，在利维斯这里,文化,原本包含各个社会层面的活动的广大的文化,被完全窄化成了文学,尤其变成了对字词句的语言层面的把握;窄化,但是也更加精细。某种意义上,威廉斯之所以会做"关键词",本身就是利维斯的传统,即通过某些特定的语词在历史文化脉络中的含义变迁,来把握整个文本,或一个文学传统,这本身就是利维斯的传统。

1930年利维斯出版了《大众文明与少数人文化》一书,文明与文化,蕴含了一个基本的张力和冲突。也就是我们之前讲到的费边社会主义、工党等等,所有的社会改革都只是针对人的外部需要、肉体感受,人的内心需求已不在政府所有改革的关怀之中,导致少数人越来越专注于自己。但是我们要注意,威廉斯一再强调,利维斯始终是站在一个社会关怀的立场来考虑这些问题的。

我们看325页下面的引文:

> 在任何时代,具有洞察力的艺术欣赏与文学欣赏依赖于极少数人:只有少数人才能够作不经提示的第一手评判。能以真正的个人的反应并被认可的这种第一手评判的人,虽然人数略多了些,但仍然是很少的少数派。

这里在说，文化是一个少数人的事情。326页上的引文：

> 依靠这少数人，我们才有能力从过去人类经验的精华得到益处；他们保存了传统中最精巧和最容易毁灭的那些部分。

文化是非常脆弱的，如果没有人去维护就会死亡，从前如此伟大、精细的中国文学传统，有多少人在致力于维护它，使之成为全民的基本教养呢？没有。

> 依赖他们，一个时代才会有安排更为美好的生活的固定标准，才能意识到这个价值胜于那个，这个方向不如那个方向更为可行，那个中心是在那里而不在这里。

只有当你对美好的东西、高尚的东西有一种向往和追求，你才会在社会层面去追求一个比较美好、高尚的可能性，才能意识到价值的高低不是由市场决定的，不是卖得好才是价值高。这实际上回到了最早柯尔律治所说的，文化是最高的人类上诉法庭，由文化来判断整个社会的方向是否真正符合人性的发展。

接下来几句话非常具有利维斯风格:

> 在他们的保存中……是语言,是随着时代而变化的习语,美好的生活以这些语言和习语为基础,没有这些语言和习语,精神的特性就会受到阻碍而变得不连贯。我所说的"文化",指的就是对这样的一种语言的使用。

表面来看,文化越来越窄化为文学,窄化为对字词句的把握,这是文学新批评派的一个最基本的源泉。虽然新批评派以后被所谓结构主义、后结构主义等打倒,但是所有这些派别都继承了新批评派的close reading,细读文本,这是利维斯所建立的。后结构主义等等,对文本都是close reading,只不过想读出什么东西,想读到什么程度,因应各人的意图而有所区别。细读文本是一贯的,直到今天依然如此,而这个传统正是利维斯的传统。

对柯尔律治来说,所谓少数派并不限于文艺阶级,而是在各个领域、所有学问中的少数派,但是对利维斯来说:

少数派本质上是一个文学上的少数派，其功能是保持文学传统和最优秀的语言能力。……主张以文学上的少数派作为"中心"的呼声是软弱无力的，这一点已越来越明显。

我们再看同一段里的下面几句话，威廉斯说：

我同意利维斯的观点，正如我同意柯尔律治、阿诺德和伯克的以及持这样观点的共同导师——如果一个社会赖以生存的只有它自己直接的、当代的经验，那么这个社会的确是个贫乏可怜的社会。

也就是说，一个社会如果不将它以往的文化传统、文学传统、艺术传统包纳进来，这样的社会是极为贫乏的。我们今天的社会就是这样极度贫乏。

但是，我们能汲取其他经验的道路还是很多很多的，不单单是文学而已。如果我们要汲取记录下来的经验，不但可以借助丰富的文学资源，也可以借助历史、建筑、绘画、音乐、哲学、神学、政治理论和社会理论、物理和自然科学、人类学。

这个批评稍微有点勉强，但是涉及下面我们会讲的威廉斯与其他人的一个分歧，就是新的大众媒介，包括报纸、广播、电视等等，一方面可能造成庸俗的、低级的文化，另一方面，如果媒体掌握在正确的人手中，是否有可能成为传播优秀文化的载体？这是威廉斯日后最重要的工作所在。正如《漫长的革命》所表达的，他期望这些新技术的发展本身是中性的，既可以用于传播庸俗文化，同时也可能使优秀文化的传播更为广泛，抵达更广大的人群。

327页最后一行，他说：

> 文学极其重要，因为文学既是正式的经验记录，而且每部作品都是文学与以不同方式保存下来的共同语言的契合点。

这是文学的特点，其他所有记录，无论是历史、传记，还是政治理论，都要用语言来记录，而语言的最精髓部分是由文学保存的，这是文学处于相当突出地位的原因。

> 承认文学作为所有这一切活动的主体，承认

> 文学是作为保存这些活动并使这些活动进入我们的共同生活的方式的主体,这是一种可贵和适时的认识。但是,其中却永远存在着一个危险:这样的认识不但会成为一种抽象,而且在实际中可能会受到孤立。

下面这句话很要紧:

> 英语的确是所有教育中的一件中心大事,但英语显然不等于整个教育。

从前英国所谓的高级文化教育主要在古典系——希腊语、拉丁语,到19世纪后期,英语是一个新的东西。我们常常把西方很多东西当作从古以来即是如此,总是照样模仿,而不去思考这个东西在西方社会中担当的是什么功能。我们已经讲过工人教育的问题,整个英国的上层阶级,包括知识阶层、腐败的统治阶层,为了自己的利益,都在考虑如何用文化把工人阶级纳入自己的阶层。希腊文、拉丁文这些东西太过遥远,英国文学于是作为整个教育的中心,英语系成为中心的中心。英语系发挥的作用,绝不是现在普普通通的一个科系可比拟的，而是关系着英国整个文化、整个传统能否在社会中得到最大程度的普及和提高。英国的这个传统非常不同寻常。

英国的大众媒体在一定程度上达成了威廉斯的期望：BBC把莎士比亚所有的剧本都拍成了电视剧，明显是为课堂教育用的。英国文学中几乎所有的小说都被拍成了电影、电视剧，所有这些在英国社会都极为普及。因为事实上，在绘画、音乐等领域，哪里有英国的地位？英国最值得骄傲的就是他们的文学，而且相对来说，文学比其他东西更容易为普通人所欣赏，从中小学开始耳熟能详，有高度的文化认同。这也是利维斯的地位如此之高的原因，英语系是核心的核心。当然我们也要强调，英语系同时也成为大英帝国推行殖民统治最强有力的工具。港英政府时期的高官，大多出自港大的英语系。殖民地英语系扮演的是培养大英帝国殖民统治者的角色，要求他们认同大英帝国，认同英国女王。不是直接的、政治上的认同，而是通过文化的、软实力的认同。所以从一个批判的角度来说，这就是资产阶级文化霸权的传播效率。英国的这个特点极为不寻常。英国女王符合哪一条现代价值？符合哪一条普世价值？她不符合民主，不符合自由，不符合平等，她是特权，更不可思议的是，如此多纳税人用钱养着她，凭什么？要批判她非常容易；但是倒过来，你要看到另一方面，不要认为女王对英国政体是可有可无的，女王一崩溃，英国整个宪政制度就会分崩离析，因为英国的整个政治认同寄托在文化认同之上，而文化认同集中在女王这个符号之上。现在的女王1952年登基，这是西方历史上极为重大的事情，社会学的意义极大。我的老师有篇最著名的文章是讲加冕的意义。"二战"之后大英帝国已经衰落，所以英国整个统治阶层用最大的投入去制造女王登基这个事情，制造一个文化认同。

我给大家讲一个笑话，因为这个认同不仅是英国的事情，而是整个英联邦所有殖民地的文化认同。我在美国的第一个室友是个新西兰人，他很得意地跟我说：我们新西兰人在女王登基的那一天登上了珠穆朗玛峰，把女王的相片、英联邦的旗帜插在了珠穆朗玛峰上。这是女王最为得意的一件礼物。大不列颠旗帜高扬在珠穆朗玛峰上，象征着他们大英帝国没有衰落。像这样一些东西是非常值得分析和思考的。

在人类文明史上有两个政治体制是高度的文化政治。第一个是我们中国的传统士大夫政治，英国是一个第二等的、比较接近但各方面都要比中国差一点的血统贵族的统治，而且它远远不如中国的士大夫政治发达。所以我们需要从另一个角度重新思考中国的传统政治制度，现在的全盘否定是根本错误的，动辄指责中国传统政治制度"专制"是根本错误的，而且并不能简单地以我们今天的政治学、经济学这样一个角度去分析中国的传统政治、社会结构，必须以一个文化政治的观念去分析，因为中国传统的政治体制建立在文化之上，如果不抓住这一点，就不可能理解中国的文化政治。我之所以对英国感兴趣，也是因为英国提供了一个很有意思的参照。

329页，实际上是威廉斯对他老师的一个辩护，即利维斯并不像一般人认为的那样只是把所有文化的东西都窄化为文学：

> （利维斯）与阿诺德不同，他面对的是20世纪报刊、广告、流行小说、电影、广播的发展，以及他以米特尔（Middletown）为象征的整个生活方式。……1930年的利维斯不但面对这一切，而且面对的是由于强大的机构产生了将他和其他人所珍视的思想与感觉方式打翻的威胁，他还面对这些机构所体现的思想与感觉方式。

工业主义已经不仅仅是机械、工厂，而且是文化工业，这种文化工业打着文化的旗号直接威胁到他最珍视的文化遗产。所以他只有进一步退缩，把文化弄到商业机构很难触及的地方，就是把它精细化、专业化，其危险就是会越来越孤立。

威廉斯不断地在为他的老师辩护，335页第二段讲了利维斯毕生的主要成就：

> 他一方面全力鼓吹锲而不舍的防御行动，另一方面在批评中致力阐述提倡可能的再创造。这是他毕生工作（虽然没有完成）的主要成就。他对流行报刊、广告、电影的批评已由其他人所接替，这种批评现在几乎已成为一种老调了。最为可贵的是，对于那些取代流行报刊、广告和电影的"更好的"报刊，"更好的"书籍，利维斯也继续进行批评。……他超越一个防御性少数派的观念，在理论上积极致力于实际而普遍的社会经验。

在不断为老师辩护的同时，威廉斯也有一个批评，336页有他对利维斯的一个总评，讲到有可能导致一种消极的倾向：

以一个有教养的少数派的观念与一个"反创造"的群众相抗衡，容易形成一种有害的高傲和怀疑主义。以一个完全有机的而且令人满意的过去与一个解体的而且令人不满的现在相抗衡，则可能导致忽视历史而产生否定真实的社会经验的趋势。

我们回过来再看333页，随着文化工业的出现，利维斯他们这些人对于现代文明有种更深的厌恶感，所以导致了：

> 工业主义者或都市人所特有的怀旧——这是一种后来的中世纪主义……

这是威廉斯以后和霍伽特很不一样的地方，霍伽特的整个倾向是非常中世纪的，虽然他的中世纪不是贵族中世纪，而是乡土农民的中世纪。

> 是对一个"经过调整的"封建社会的留恋。如果对"有机共同体"有什么定论的话，那就是它已经一去不复返了。

到底什么时候开始消失的呢？有人说是17世纪，有人说是18世纪，有人说是19世纪，威廉斯说：

> （我要补充说明，因为我出生于乡村，生长于一个世代务农的家庭），它到20世纪30年代还存在着——或者说引文中所提到的那几个方面还存在着，诸如世袭的工艺、慢条斯理的传统言谈、工作与安逸交替的持续不断。

这是威廉斯的个人体会，既不像有些人想象的那么美好，也不像有些人说的那么糟糕。后面有一句话非常重要：

> 在谈论所谓的有机社会时，将其赤贫、疾病与死亡率、无知与受到挫伤的智力等成分排除在外，（去制造一个人为的理想共同体）是愚蠢和危险的。

这个乡土共同体有其正面的地方，就是在劳伦斯那里讨论过的亲密的人际关系，也有其负面的东西，就是疾病、无知等等。威廉斯的看法越来越趋向两方面的平衡，这会成为他的结论里面比较重要的一点。

第五章"马克思主义与文化"，我稍微提一下358页到359页，威廉斯非常怀疑所谓资产阶级文化和社会主义文化这样的提法，这个看法在后记部分还会讲。358页上他首先批评考德威尔对文学完全不懂，从未对一部作品有过细致的分析，完全是理论推演，他说考德威尔把15世纪以来的现代诗歌都描述为"资本主义诗歌"，威廉斯认为这很不知所谓。

> 将过去300年英国人的生活、思想、想象简单地说成是"资产阶级"的，将现在的英国文化描述为"濒临死亡"，这些都是用牺牲现实来成全公式。

359页第二段：

> 要是你已经习惯于认为，一个资产阶级社会单纯直接地产生一个资产阶级文化，那么，你就会想到，一个社会主义社会也同样会单纯而直接地产生了一个社会主义文化。并且你会觉得有责任说出社会主义文化是什么样的文化。事实上，大多数有关未

来的"社会主义文化"的推测都证明是一种"乌托邦"式的习惯,不能对它太当真。

这个问题我们到最后还会讲,他在后记里面着重讲的也是这个。

我们现在回过头来看艾略特这章,我觉得写得不是最好。威廉斯这本书写了十年左右,来回应艾略特的《关于文化定义的札记》。把这两个文本放在一起讨论,实际上可以讲半个学期。

艾略特实际上是在纠正我们刚讲的利维斯的特点,即把文化日益简化成文学,虽然艾略特的作品是当时文学,特别是诗的顶峰,这是无人有争议的。他认为,一种高级文化如果不能植根于一个广大社会的土壤,这个文化是不可能有生命力的,也不可能真正得到发展。

我们先来看,威廉斯在什么地方重视艾略特。答案是,艾略特对资本主义的批判是非常彻底的。威廉斯首先引用的是艾略特的《一个基督教社会的观念》这本书,我们看297页上的第一段引文,从中可以看出艾略特对于现代社会的一个批判:

> 利益动机膨胀成一种社会理想,对自然资源的

利用与对自然资源的掠夺如何区分，对劳动力的利用与对劳动力的剥削如何区分，初级产品的生产者和商人之间不公正的利益增长如何区分，财政机器的错误导向、高利贷的不仁不义，以及一个商业化社会诸如此类的其他种种面貌，都必须放在基督教的原则上来审视。

艾略特这本书不是简单鼓吹基督教，他不主张任何一个教义，当然后来他皈依了天主教，他本身是美国人，后来加入英国籍，因为他对美国不能忍受，认为美国完全是个资本主义机器，太庸俗。

> 我们正在意识到，除以私人利益之外还有以破坏公众利益为基本原则的社会组织正在导致人性被漫无节制的工业主义扭曲变形，正在导致自然资源的枯竭，而且我们的物质进步中有一大部分是以我们的后代可能必须付出的惨痛为代价来换取的。

这句话在今天仍然非常实用。这是艾略特对工业资本主义的一个批判，那时候的资本主义已经不是早期资本主义了，1950年代的资本主义已经相当发达。下面这段话很有意思,他认为基督教世界比较适应的是农业社会,现在这样一个工业社会,实际上基督教是不太能适应的。所以威廉斯也公正地说,艾略特在这本书里不是要鼓吹某种教义,而是要表达西方社会总是声称自己是基督教社会,但这其实是一个虚伪的社会,因为它完全没有建立在基督教原则上,以利益膨胀为社会理想是完全不符合基督教原则的,这是他后来皈依天主教的原因,因为天主教建立在以往的一个乡土社会的基础之上。

威廉斯之所以特别注重艾略特《关于文化定义的札记》,首先在于艾略特强调文化不能是简单的文学,而是"整个生活方式",这是威廉斯完全认同的。其次,301页最后一段说:

> 它努力区分"精英分子"与"阶级",并且对"精英分子"的理论进行了入木三分的批评。

303页,威廉斯引用了艾略特三种文化的含义:一种是个人的文化,也就是文学艺术意义上的文化;一种是团体或阶级文化,也就是阶层文化,贵族文化、资产阶级文化、劳工阶级文化等等;一种是整个社会文化的发展，就是以整体社会作为一个文化，整个社会是一种文化生活方式。艾略特最有名的说法是，睡觉的时候都体现了一种文化。绝大多数时候，文化作为一种无意识状态存在于大多数人心中，所谓少数的文学家、艺术家只是自觉地把潜意识中的文化用文字等形式表达出来。文化一定是整体性的，如果没有这样一个整体性的文化，少数人的高级文化是产生不出来的。这是艾略特一个非常强有力的结论。当然在这点上，威廉斯是非常同意的。

我们看304页上的引文，艾略特实际上是在强调两点：第一，不能以整体社会文化为名去否定团体或阶层的文化；也不能以团体或阶层的文化为名，去否定个人文化。这三种层次的文化各有不同功能。第二，也是更为重要的，个人的文化不能孤立于团体的文化，团体的文化也不能游离于整个社会的文化。所以威廉斯接下去讲，这样一个文化概念自然会排除"少数派文化"观念的极端形式。

艾略特在讲精英主义的时候，实际上一定程度上是在批评阿诺德，另一方面则是更为强烈地批判当时英国、美国非常流行的所谓精英主义的理论。这个批判稍微有一点复杂，我们曾经讲到，阿诺德认为文化既不寄存于贵族阶级，也不在于资产阶级或劳工阶级，而在于各个阶级中都有这样或那样的一些人，能够超越本阶级的偏见，这一点就会成为精英主义的一种前驱。也就是说，这个精英主义似乎是脱离社会各个阶层而自我形成的，最有名的就是曼海姆后来的"知识分子定义"，知识分子是一个飘离性的群体，不依附于任何社会阶级，这是艾略特坚决反对，也是威廉斯所坚决反对的。但是每个人诉诸的阶层会不一样。艾略特认为：每一个精英都会附属于一个阶层，否则就会变成游离分子，就会造成极大的分离性效果。一方面，精英不再是有共同文化基础的团体，有政治精英、文学精英、企业精英，各个行业都有精英，没有一个共同社会存在。实际上艾略特在《关于文化定义的札记》里面就讲到，英国的一个特点是资产阶级并不把自己看成最高，它本身极为向往一个更高的阶级，即贵族阶级，女王、君主、贵族制在英国从未消失过，上议院本身就是贵族的团体，上层资产阶级以能够进入上议院为荣耀。每一个阶层的人都隶属于他的阶层，又向往更高的阶层。

305页这一段，实际上是在强调，每个阶层都有自己的功能，就是维护社会的整体文化中与他本阶层有关的那部分文化：

我们必须努力记住，在一个健康的社会中，这种对一个特定层次的文化的维持，不但对维持该层次的阶级有益，而且对整个社会也有益。意识到这种事实，我们就不会认为一个"比较高级的"阶级的文化对整个社会或大多数人是多余的东西，也不会以为这个阶级的文化是应该由其他所有的阶级来平等分享的东西。

这样一个等级制的东西是威廉斯所批评的。艾略特的特点是强调少数精英文化与整体社会文化是有机联系在一起的，如果没有下层的潜意识作为基础，上层的东西就不可能发展，所以上层的，特别是专业的文学家、艺术家，只不过是专门化地、有意识地发展了上层文化，这种发展一定是为整个社会所共享。威廉斯在批评艾略特的时候显得相当吃力。

下面我们要直接跳到威廉斯全书的结论部分。结论部分很长，今天没有太多的时间来讨论。奥威尔这一章只能跳过了，你们自己去看，关键的问题是与劳伦斯对比起来看，奥威尔不是不认同资本主义社会，而是不认同任何社会，他认为自己最高明。最有意思的一段话是369页最后一段：

> 奥威尔的社会主义变成了放逐者的原则，他不计较代价，要保证这原则不受侵犯。实际上，这种代价就是片面地放弃他自己的标准：他必须常常疯狂地咒骂，把别人赶走，避免同他们纠缠不清。他不是抨击社会主义——社会主义在他心里安然无恙。他抨击的是社会主义者，他们可能会把他卷入到他们中去。他抨击社会主义，是针对其原则的，所以在这个基础上，他终于将抨击的矛头集中到共产主义。……对于放逐者来说，社会本身都是极权的，他无法把自己交付给社会，他只能置身于局外。

371页：

> 在这种情况下，作家自己必须一分为二：一半仍不去寻求寄托，一半介入进去。

这实际上也是我在1988年那篇文章当中所采取的一个立场，引用的也是这句话。

> 他无法相信世界上存在着个人的个体性可以获

得社会承认的任何安定生活方式。

奥威尔实际上否认了任何共同体,我认为这是70年代以后西方左翼日益走向的一个方向。爱德华·萨义德的《东方学》非常重要,可以成为站得住的经典,他后来的作品我不太欣赏,尤其那本有关知识分子的,他就是原则,他就是唯一的正确,每个知识分子都如此标榜。他既介入巴勒斯坦解放组织,又不能容忍巴勒斯坦解放组织,任何牵扯社会实际的东西都是他所不能容忍的,因为都是不纯粹的,这是可以想见的,现实一定包含着很多不能接受的东西。

这些都是奥威尔原则性的东西,威廉斯是不能认同的。威廉斯与以后的左派,这个分歧其实一直存在,因为他们这一代社会主义者——即使威廉斯以后变成马克思主义者,仍然希望自己深深扎根于英国劳工实际的事务中,所以他和工党政治总是还有某种关系。他说:

> 奥威尔身上记录的是一个牺牲者的经验:此人排斥了原子社会的后果,本身内部却深深地留存着原子社会独特的意识模式。在比较容易的层次上,把

社会形容为一场骗局,就可以缓解这种紧张;一个人甚至可以参加骗局。

"知识分子"这个词是非常需要检讨的一个词。英国严格来说相当长时间里是没有"知识分子"的,因为像阿诺德等人,他们同时也是公务员,参与到社会实际事务之中,而不是一个飘离于社会之外的人。这也是中国士大夫的特点。

下面进入结论部分。398页第二段,威廉斯说:

> 我想谈谈"工人阶级文化"这个观念,因为我认为这是当代的一个关键问题,而且是一个包含了会引起相当大误解的成分的问题。我已经指出,把新的传播手段所产生的大量东西描述为"工人阶级文化",是不公平的,也是没有用处的。因为这些东西既不是专门为这个阶级而生产的东西,也谈不上是这个阶级自己生产的东西。……不能把"工人阶级文化"理解为现在存在的少量"无产阶级"的著作和艺术。这类作品的出现是有用的,……但是应该把它视为一种可贵的异议成分,而不应该把它视为一个文化。

这样一个好像和以往的文化传统没有关系的东西，威廉斯是反对的，而且他也不大同意诉诸工业革命以前的乡土文化。

> 由于工业革命所造成的断层错误，英国传统的通俗文化如果不能说是已经被消灭，至少也已经是支离破碎、萎靡不振。

好像把少数民族的东西收集起来，就是找到了没有被现代社会所污染的东西，现在很多人都在做这种工作。

> 遗存下来的以及在新的条件下新制作出来的，数量极少，范围也很狭隘，这虽然值得尊重，但绝不能说是另一种可供选择的文化。

因为它实际上只不过是主流文化的一点调料，好像我们多么尊重多元文化，实际上那些都只是点缀而已。
399页：

> 一个文化的范围，它似乎常常是与一个语言

的范围相对称，而不是与一个阶级的范围相对称。……把我们现有的文化描述为资产阶级文化，会在好几个方面引起误解。……他们还会认为，标准取决于使一个文化专门属于这样的一个阶级——因为这个阶级产生了这个文化，所以只有这个阶级才能理解这个文化。……

400页是他的关键点所在：

> 另一方面，那些以新兴阶级的代表自居的人如果接受了"资产阶级文化"的命题，将会情不自禁地忽视共同的人类遗产。

因为他把所有这些文化遗产都当作"资产阶级文化"，可以抛弃，可以拒绝，可以颠覆。

> 使用一种共同语言的人也共同继承了一笔知识和文化传统的遗产，随着经验的每一次改变，这笔遗产必然会不断地被重新评价。人为地制造一个"工人阶级文化"以对立于这个共同的传统，纯属愚蠢之举。

这是威廉斯作为左翼最不寻常的一点，他非常反对后来的以工人阶级，或者以被压迫人民，或者以同性恋，或者以女性主义否定以往的文化，他认为这些都纯属愚蠢之举。

在一个工人阶级成为支配阶级的社会中当然会产生新的评价和做出新的贡献，但是由于这笔遗产所具有的复杂性，产生新的评价和做出新的贡献的过程将会是极其复杂的，把这种复杂性削减为一个粗糙的图式，毫无益处可言。

接下来的一段，讲到共同语言的问题：

俄国社会的特点是少数的统治者把共同语言排斥了，而且排斥的程度相当重大。

俄国贵族、统治阶层讲的是法语。就像印度一样，统治阶层讲的是英语，但绝大多数印度人是不懂英语的，从前有统计说印度只有2%的人是讲英语的。

但是在英国社会从来没有出现过这样的分离，

这是因为英语始终是英国社会的共同语言。

威廉斯强调一个共同文化的关键在于共同语言。而我们中国，本来有一个共同的语言作为共同文化的基础，现在却想要把大学变得全部英语化。文化的对应面不是阶级，而是语言，这是威廉斯所强调的，他实际上是强调重新评价被继承下来的传统。传统当然是在不同的阅读中被不断地重新解释，但是这种重新解释不应该从一个教条的、理论的、抽象的公式出发，而是要从自己本身的经验出发。

还有一点，因为艾略特已经讲过，整个文化应该是一体性的；我们看402页到403页，威廉斯提出一个非常诚实的问题：

在某个阶级、因而共同语言的某种特殊用法占支配地位的社会中，一大部分的文学由于包含了一批重要的共同经验，会被吸引到这个占支配地位的语言模式。同时，一个民族文学（例如英国文学一直都是一个民族文学）在包含了这层关系的同时，也会包含整个文学与语言的各种成分。如果我们想了解一个具有选择性的传统的过程，我们要思考的就不单是文化的范围，而是变化不定的依附和相互作用的过程。

他总是有两面。402页上他关于工人阶级的一个说法，我觉得不是十分可信。他说：

> 工人阶级不会因为拥有新产品就变成资产阶级。

我觉得工人阶级就是向往上层阶级的东西，一旦变成有钱人，是否还会保持纯朴，我不知道。接下来的几句话，又是和劳伦斯呼应的：

> 对"纯朴的穷人"的敬慕并不是一件新鲜事，但是，除非是作为一种不顾一切的合理化，否则在穷人之中是很难找到有人会怀有这种敬慕之情的。

403页第二段，威廉斯在讲，工人阶级文化是什么样的文化：

> 如果把文化作为一批知识与想象的作品来思考，我们可以看到，随着教育的扩展，这种文化的

分布日趋平均，同时新作品正在传播给比单一阶级更为广泛的公众。然而文化又不只是一批知识与想象的作品而已；从本质上说，文化也是一整个生活方式。

他认为工人阶级的主要文化是生活方式，并不是说工人阶级创造了多少优秀作品。我觉得这是非常诚实的。他说：

资产阶级文化与工人阶级文化的首要区分应该是整个生活方式的区分。

我们再看405页：

工人阶级由于他的地位，自从工业革命以来还没有产生清楚地意识到的文化。它所产生的文化是集体的民主机构，诸如工会、合作化运动或政党，认识到这个文化是重要的。工人阶级文化，以其一直在经过的阶段而言，基本上是社会性的，而不是个人的。

所以他认为工人阶级的文化应该是一种人群中的紧密联系，是反对个人主义的、原子式生活的一种文化，是生活层面上的文化，而不是说工人阶级可以创造一个新的、不同的文化，他认为这是不真实的。

所以威廉斯最后归结到一点，一方面是劳工阶层所创造的一种真实的人际关系，不是一种原子式的、互相分离的关系，所以工人运动、合作社运动、工会运动都是加强人与人之间的关系，在一个共同理念基础上的人际关系；另一方面，这样一个人群如何继承以往的文化遗产，不能简单地将原先的文化当作资产阶级文化来摧毁、颠覆等。

威廉斯与艾略特的区别在于，他强调了工人阶级文化作为一种生活方式的重要性，作为一种劳工文化，下层阶级文化在人际关系的密切层面，在人与人关系的问题上，对于整体文化有重大的贡献，而这不是少数派的文学与文化所能做到的，少数派的文学与文化并不能改变实际生活中人与人之间的关系。

也因此，威廉斯以后的工作主要是在思考，大众媒介是否能够被用于传播比较好的作品，使之普及到更多群众身上；这也是他所谓"漫长的革命"的基本出发点。

附

作者在授课时列出了一份参考阅读书目：

阿诺德：《文化与无政府状态》（1869），韩敏中译（修订译本），生活·读书·新知三联书店，2008；

利维斯：《伟大的传统》（1948），袁伟译，生活·读书·新知三联书店，2002；

T. S. Eliot, *Notes towards the Definition of Culture* (1948);

Raymond Williams, *Culture and Society, 1780-1950* (1958; New York 1983), pp. ix-xii: "Introduction to the Morningside Edition" (1982);

Richard Hoggart, *The Uses of Literacy* (Penguin, 1958);

Raymond Williams, *Politics and Letters: Interviews with New Left Review,* London 1979;

Perry Anderson, *English Questions*, Verso, 1992, ch.l, "Origins of the Present Crisis" (1964), ch.2, "Components of the National Culture" (1968);

Edward Shils, *The Intellectuals and the Powers*, the University of Chicago Press, 1972;

甘阳：《儒学与现代》（1988），收入《古今中西之争》，生活·读书·新知三联书店，2006。

附 录

儒学与现代
——兼论儒学与当代中国

本文为提交给1988年8月29日至9月3日在新加坡举行的"儒学发展的问题及前景"讨论会的论文。[曾收入《古今中西之争》(生活·读书·新知三联书店,2006),作者在前文讲座中提到过这篇文章,为方便读者,附录于此。——编者]

儒学在现代世界究竟还能否有所作为？如果能，又应该向哪些层面上去开展和运作？这无疑是一百多年来儒学面临的最大难题，也是迄今为止不但没有解决反而日益混沌不明的问题。

本文的基本观点是：力图从儒学中"开出"能够顺应或促进工业文明、商业精神、自然科学以及民主政制等"现代"因素的种种努力，未必是儒学在现代的最佳发展路向（且还不论其能否成立），在实践上对己（儒学本身）、对彼（现代社会）也都未必有益（甚至可能两伤）。如果今日到处可闻的所谓"追求传统的创造性转化"无非是指上述这类努力，那么我怀疑它只能成为一个pseudo-proposition（似是而非的命题）。因为在我看来，所有这些努力实际上都是自觉不自觉地在对儒学提出某种强弱不等的功利主义要求，亦即要求儒学对经济发展这类社会现实层面问题必须具有某种实际的"有用性"（usefulness）——能用来促进经济、推动科学等。这种一切皆从是否对社会实际"有用"着眼的观点，确实是某种标准的"现代"心态[1]，但却恰恰与儒

---

[1] 参见 A. W. Gouldner, *The Coming Crisis of Western Sociology*, Basic Books, 1970, 第61页以下。

学首重"为己之学"的基本立场背道而驰。也因此，尽管这些努力从主观上都是想提高儒学的价值（证明其在现代依然有用！），实际上却恰恰是降低以至抽空了儒学自身的独立价值。其根本问题就在于，它们并不是从儒学本身的立场、原则去反观、评价、批评现代社会，而是力图使儒学去顺应、服从现代社会的某些标准和原则。因此问题竟成了这样：似乎儒学只有能顺应或推动工业文明、商业精神、自然科学、民主政制，才能在现代世界有生存的理由和根据，否则就无立足之地。如果说，以往的"中体西用说"尚是一种"守势"反应［它毕竟还要求"守"住儒学的某种领地］，那么今日这些表面上高唱儒学的方略毋宁是一种投降主义路线了。因为它实际上是把评判儒学的权力拱手交给了现代社会的某种功利尺度。儒学退到这一步，实际只能说明它对自身的价值已丧失信心，而绝非充满自信的表现。今日种种"追求传统的创造性转化"的调子，常常都只能令人想起霍克海默尔那句令人沮丧的挖苦话："传统在今日必须被高唱，这一事实本身就表明：传统已经丧失了它的力量。"

我认为，儒学如果想要在现代世界有所作为，首先就必须克服这种向现代社会种种功利要求认同的心病。

这种克服实际上同时也就是要求儒学今日必须克服自身传统中根深蒂固的致命痼疾，这就是：过分的"入世"，过分的向社会现实自觉认同，或如韦伯所言，一味"理性地顺应现世"（rational adjustment to the world）。[2]正是由于这种品格，儒学在历史上曾长期地将"文化系统"与"社会系统"难解难分地扭在一起，从而在中国知识分子的"人格系统"中造成"文化关怀"与"社会关怀"混杂难分的心态。[3]但是，如果说在以往中国历史上，主要的问题是在于"文化系统"（又常常过分以社会伦理取向为价值中心）过分地支配以致压抑了"社会系统"的独立发展，从而必然导致社会的道德化（而这反过来又必然造成道德的功利化、政治化），那么，

---

[2] M.Weber, *The Religion of China*, The Free Press, 1951, 第八章。另参见 J. Habermas, *The Theory of Communicative Action*, 第一卷, Beacon Press, 1984, 第203—213页。

[3] 关于"社会系统""文化系统""人格系统"的区分和关系，参看 T. Parsons, *The Social System*, Routledge, 1951, 特别第26—36页等处，以及 T. Parsons 与 E. A. Shils 的 Value, Motives, and Systems of Action, 载 *Toward a General Theory of Action*, Harvard University Press, 1962, 第47页以下。但是，帕森斯虽然将"文化系统"置于优先的地位，在实际分析中却仍然是主要从文化对维持社会系统的"功能"的角度来着眼的。因此，他的框架并不能令人完全满意。我在下面的行文中将更加倾向于哈贝马斯的构架，即"（社会）系统"与"生活世界"（Lebenswelt）的区分。关于这一区分，可参 J. Habermas, *Legitimation Crisis*, 第一部分第一章, Beacon Press, 1975。但全面的论述则参其 *The Theory of Communicative Action*, 第2卷, Beacon Press, 1987。

附录 儒学与现代

今日以及今后，更令人担心的问题恐怕恰恰相反，即"社会系统"（又常常以"经济亚系统"为中心）绝对地压倒甚至吞没"文化系统"，从而导致文化的商品化、精神的庸俗化，以及曼海姆所说的"知识界的无产阶级化"（proletarianization of the intelligentsia）。[4]这种状况发展下去，也就必然导致哈贝马斯所谓的"生活世界被（社会系统）殖民地化"，其结果是，在文化系统中导致杜尔凯姆所说的"脱序"（anomie），在人格系统中则发生种种"心理障碍症"。[5]因此，在我看来，今日最重要的问题并不在于如何努力使儒学适应现代社会或批判儒学不适应现代社会，而在于我们必须突出地强调："文化系统"和"社会系统"乃是各自具有高度相对独立性的系统，尤其在现代这种独立性更是越来越强，它们各有不同的任务、不同的原则、不同的运作方式，因此不应要求把前者强行纳入到后者的轨道中去，也不应要求后者无条件服从前者，这也就是所谓合则两伤、离则双美的局面。实际上，正如哈贝马斯所指出的，各不同价值

---

[4] Karl Mannheim, *Man and Society in an Age of Reconstruction*, Routledge, 1948, 第99页，以及该书第二部分第二节至第九节。
[5] 参见 J. Habermas, *The Theory of Communicative Action*, 第二卷, Beacon Press, 1987。

领域的彼此分离化（differentiation of spheres of value）正是所谓"现代性"的核心所在，也正是"理解世界的方式"上之"传统"与"现代"的基本分野。[6]这种"现代的理解世界的方式"实际上就意味着，人们并非一定要在所有的领域中都坚持一种一致的立场，而是完全可以对不同的价值领域做出不同的甚至表面上矛盾的反应。例如，在政治上持激进主义态度并不一定就要在文化上也持激进主义立场，反过来说，一个文化保守主义者并不一定就非要在政治、经济领域中也坚持保守主义的立场。这里的关键就在于，现代社会本身就充满着深刻的矛盾（亦即韦伯所谓"形式的合理性"与"实质的合理性"的矛盾，或谓"工具合理性"与"价值合理性"的矛盾[7]），因此，对于所谓"现代"采取一种矛盾的立场、矛盾的态度，在我看来要比采取一种唯一性的立场、排他性的态度更接近真理。顺便可以一提的是，哈佛社会学家丹尼尔·贝尔在其近些年来的社会文化研究中所力图发展的也正是这样一种似乎自相矛盾的

---

[6] 参见 J. Habermas, *The Theory of Communicative Action*, 第一卷, Beacon Press, 1984, 第一章第二节, 特别第71页以下, 以及第二章。

[7] 参见 M. Weber, *Economy and Society*, Bedminster Press, 1968, 第24页以下、第85页以下等处, 并可参见前注所引曼海姆书第51—60页, 以及 J.Habermas, *The Theory of Communicative Action*, 第一卷, 最后一章。

现代社会观，如他所言："我在经济领域中是社会主义者，在政治上是自由主义者，而在文化上则是保守主义者。"[8]贝尔在这几个领域中的立场本身是否可取是一个仁者见仁、智者见智的问题，但他这种基本态度的理论出发点——即认为在现代社会中，各不同领域有着各自不同甚至彼此矛盾冲突的轴心原则（axial principle）和价值尺度[9]——则是有充分力量的。

根据以上所述，我们可以说，儒学即使根本不能促进工业文明、商业精神、自然科学、民主政制，也绝不意味着儒学的价值就因此而减少了一丝一毫，更不意味着儒学就完全没有价值；反之，儒学即使能有这种促进作用也不见得就使它能由此身价暴涨。因为儒学的基本心思向来就不在此，今后亦大可不必非向此一方向去开展。事实上，在这些"社会系统"的范围之外，尚有足够广阔的"生活世界"（Lebenswelt）可供儒学驻足，儒学正应该在这一天地中重新确立自己的任务，耕耘自己的领地，坚持自己的旨趣，发展自己的理论。简单地说，在我看来，儒学在现代世界中的位置乃在于：在一

---

[8] Daniel Bell, *The Cultural Contradictions of Capitalism*, Basic Books, 1978, 第xi页、第10页以下。
[9] 同上。

个工具理性必然占主导地位的工商社会和技术时代，毫不动摇地继续坚持价值理性的关怀，维护人文文化的传统和活力，并全力向着所谓 Geisteswissenschaften（精神科学、人文研究）的方向去开展自己新的形态、新的境界。[10] 这样一种立场，我愿将之称为"一种具有批判

---

[10] 刘述先教授曾批评我将Geisteswissenschaften一词译成"精神科学"，认为"实则此词只能译作'人文科学'或'人文学'，根本不可译作'精神科学'"（台北《中国论坛》第295期，第65页）。这个批评不能成立，因为Geisteswissenschaften这词并不仅表示某类科学，而且更强烈地表示一种独特的研究态度和研究方法，这就是与英美分析学派迥然相异的纯粹德国式的首重精神关怀的路向。这一点，只要看一下例如K. O. Apel的 Die Entfaltung der "spra-chanalytischen" Philosophie und das Problem der "Geisteswissenschaften"，就会明白在许多场合这个词恰恰根本不可译作"人文科学或人文学"，因为它所指示的绝不仅仅只是某类学科。同时，如果从学科上讲，这个词所包含的学科也并不仅仅只是"人文科学"，而且同时也涵盖"社会科学"领域，这从狄尔泰开始一直如此，可参 W. Dilthey, *Selected Writings*, Cambridge University Press, 1976，第170页。（上述Apel文则载其：*Transformation der Philosophie*，第二卷，Sukrkamp Verlag，1973，第28—95页，可特别参看其中第三节等。此文并有英文单行本：*Analytic Philosophy of Language and the Geisteswissenschaften*, Dordrecht, 1967。）此外，刘文对我的《从"理性的批判"到"文化的批判"》一文（载台北《当代》第20期）所做的主要批评也是不能成立的。刘的批评主要是认为，我把卡西尔与海德格尔的不同思想路向当成了一回事，其实从拙文任何地方都不可能得出这种意思。我所指出的仅仅是这两位思想家在某些问题上的共同点，即：第一，两人都认为哲学应该关注人文文化方面，而不能像近代以来那样只注重主要以自然科学知识为对象的褊狭"知识论"；第二，由此，两人都走向注重"逻辑"以外或说逻辑背后的东西。同时我更明确指出二人的根本不同点在于：卡西尔仍"主要是从认识论上进行人文学知识批判的考证"，而在海德格尔等那里，则"首要问题实际上已经不仅仅是单纯为人文学奠定认识论和方法论基础的问题，而是（转下页）

精神的文化保守主义"[这里的"批判",既是针对所谓"生活世界的殖民地化"现象,又是针对自身的即自我批判精神;这里的"保守"则自然是指"保护"和"守卫"人文文化传统]。

这当然不是说,我们就不要工业文明、商业精神、自然科学、民主政制。当然要,尤其在中国大陆,这种需要更加迫切。问题只是在于,没有任何必要非把

(接上页)必须首先为哲学本身以至为一般文化奠定一个新的本体论基础,这正是海德格尔、伽达默尔等人超出卡西尔和狄尔泰之处。在卡西尔那里,'先于逻辑的'主要还只是指'在时间上先于',亦即神话隐喻思维在时间上要先于逻辑思维之形成,而在神话时代过去、逻辑思维发达后,则这种隐喻思维主要保存在文学艺术活动中与逻辑思维相并立;但在海德格尔等看来,神话与人类学领域只是为进入问题提供了一些方便之处,真正从哲学上讲来,却仍是很不充分的,在他们那里,'先于'已主要是'本体论上的先于','根据上的先于'……"(见《当代》第90—91页)——这里对二者的同和异说得够清楚的。刘先生应该具体地说明以上这几点是否能成立,否则笼统地批评我把二者混为一谈,不免缺乏根据。我在该文中还提到海德格尔与维特根斯坦以及胡塞尔等的关系,都只是指出他们的某些共同之处,没有人会误解为这就表示他们全是一回事。有些事都是常识(例如卡西尔与海德格尔不是一回事),不必为此多费笔墨的。此外,刘文对海德格尔哲学等的看法,也容我不尽苟同。例如,刘文所谈的海德格尔哲学,基本上是50年代英美较流行的那种"流俗的存在主义者"形象,而不是近些年来阐释学分析等水平上的海德格尔哲学。刘文对伽达默尔的了解,也主要只是《真理与方法》第二卷中较表层的东西,而且丝毫没有触及该书最重要的第三卷的内容,即语言哲学方面的论述。而在我看来,现代阐释学主要是以某种欧陆式语言哲学为基础,因此我那篇文章主要即从语言问题论述,刘文都对此完全未加理会。这不能不使我感到失望。这些都表明,刘教授的着眼点与我的注重点很不相同。这些都只有待以后有机会再共同讨论了。由于一直没有时间写文答复刘文,这里顺便简答一下。

所有这些硬与儒学拉扯在一起，似乎如果从儒学中开展不出这些层面，则一方面儒学本身难以振兴，另一方面这些东西也就不可能在中国生根发展。这里应该指出，第一，所谓"创新必依据其所本有，否则空无不能创新"（熊十力语）这种说法在逻辑上是难以成立的，在经验上也是缺乏根据的。从逻辑上讲，人们自然可以问："其所本有"又是从哪里来的？不也只能是从"空无"中创造出来？从经验上讲，现代社会的种种事物和现象，不仅在中国传统文化中是"空无"的，而且在西方文化传统中也同样是"空无"的。例如，以"自由"为个人权利这个观念，正如以赛亚·伯林在其著名的《自由四论》中所论证的，在希腊人、罗马人、犹太人、中国人，"以及一切其他古代文明"中都是"空无的"（absent）。[11] 事实上，现代工业文明对于整个人类都是一种全新的事物，根本没有必要要求某一传统文化必须具备现代社会的基本因子。在我看来，现代新儒家（牟宗三等）力图从道德主体中转出认知主体以便奠

---

[11] Isaiah Berlin, *Four Essays on Liberty*, Oxford University Press, 1969, 第129页。类似的论述还可参见 C. Morris, *The Discovery of the Individual*, Harper & Row, 1972, 以及 B. Snell, *The Discovery of the Mind*, Harper & Row, 1960。

定自然科学在中国发展的基础,又从认知主体的确立中开出民主政治的道路(所谓道统之肯定、学统之开出、政统之连续)[12],这整个路子都是误入歧途。这实际上仍是一种"传统的理解世界的方式",亦即力图把各不同价值领域都硬性统一在一起,说到底乃是一种陈旧的黑格尔主义的"实质统一"路子。其理论上的谬误在于所谓"归约主义"(reductionism),亦即把彼此不可化归的价值领域硬性归结到一个中心领域(即都从"道德主体"中转出来;"科学主义"则是另一种"归约主义",亦即企图以自然科学的方法来解决一切问题,实际上也就是把一切价值领域归约为以科学为中心)。这样一种路子,我以为在现代世界是行不通的。事实上,科学、民主、工商文明,完全可以独立于儒学之外而在中国发展起来,正如儒学也完全可以独立于前者之外而继续保持其生命力一样,完全没有必要硬把二者扯在一起。第二,我愿特别提出,中国知识分子似乎有一个毛病,即总容易被时代、社会的某些响亮的"大字眼"所吓唬住。五四时期提出"德先生"与"赛先生",尚有

---

[12] 可见牟宗三、徐复观、张君劢、唐君毅:《为中国文化敬告世界人士宣言》,收入张君劢:《中西印哲学文集》下卷,台北,1981。

梁任公直接以"爱先生"与"美先生"与之相对（梁启超：《人生观与科学》），而今却几乎无一人敢对"科学"与"民主"出半点微词，似乎只要符合它们的就绝对的好，不然就是绝对的坏，这种态度是绝对不正常的。知识分子之为知识分子就在于他应该不对任何东西顶礼膜拜，对任何神圣庞然大物都有魄力提出怀疑和批评。事实上，工业文明、商业精神是不用说了，它们所造成的那种"物化"（verdinglichung\reification）意识，"商品拜物教"精神，历来为西方有识之士所痛斥，即使今日最响亮的"民主"，也绝不是就不可以批评，绝不是没有任何问题的。"民主社会"这个概念实际上总是与"大众社会"（mass society）这个概念联系在一起，而"大众社会"必然泛滥的"大众文化"（mass culture）几乎必然地使整个社会的精神旨趣庸俗化、低级化。华兹华斯（Wordsworth）当年在著名的《抒情歌谣集·序》（1800）中曾感叹："今日谁还读莎士比亚和弥尔顿？"这种社会精神文化旨趣日益低级化的现象在今日任何一个现代民主国家都仍然是一个巨大的问题，以至人们不能不提出，现代民主社会在社会层面上固然造成了巨大的进步，但在文化上却几乎面临着一个"重新野蛮化"（rebar-barization）的倒退局面。此外还可以提出，人们常常以为民主制是官僚制的反面,其实民主政治与官僚政治(bureaucracy)恰恰是不可分割地联系在一起的。[13] 凡此种种,都使我们必须时时忆起韦伯当年的那句名言:在从传统社会过渡到现代社会之过程,"在我们面前展开的,不是夏日那繁花似锦的世界,而是北极之夜的冰冻酷冷的世界"。[14]

今天,在中国的台湾、香港和新加坡等地区都已建立起了工商文明的秩序,在中国大陆,社会现代化的过程也已在不可阻挡地日益加速[近来所谓"生产力发展是社会进步的唯一标准"这种信念已是从官方到知识分子到百姓的普遍共识]。在这样的时候,我以为,已延续一百多年的"文化讨论"的重心应该有所转变了,亦即它不应再继续纠缠于传统文化为何阻碍了现代化,或传统文化如何能促进现代化这类问题上了,而应该开始高瞻远瞩地去深思:在现代工商文明这种新社会秩序条件下,如何使"社会系统"(经济、政治)的发展

---

[13] 可参 E. Etzioni-Halevy, *Bureaucracy and Democracy: A Politial Dilemma*, Routledge, 1983, 特别第七章。
[14] 见 Max Weber, *From Max Weber: Essays in SocioLogy*, K. Paul, Trench, Trubner & Co., 1947, 第128页。

与"文化"的发展尽可能保持一种较为合理、较为健康的均衡态势。这里的根本问题或许在于,我们必须清醒地认识到,工业文明、商业精神、科学技术、民主政制,所有这些都不应无条件地被奉为衡量现代社会一切事务的绝对标准,恰恰相反,工业文明、商业精神、自然科学、民主政制这些现代社会层面若要维持一种良性的运转,一个重要的前提条件恰恰是:社会本身必须有一种能针对所有这些层面进行"批评"的能力,这正是"文化"的功能所在,也正是作为文化承担者的知识分子的职责所在。目前的危险恰恰是,绝大多数中国知识分子几乎都把现代社会当成传统社会那样的"一体化"社会(实际上恰恰是在以传统社会的心态考虑现代社会的问题),从而为了加速社会现代化的进程而不顾一切地力图把"现代"的社会层面的要求和标准也一体化地捅到文化系统这一个领域,这种做法的结果只能适得其反,因为只有一个声音、一种步调的一体化社会是越来越远离现代化的社会的。如果我们仔细观察西方现代化的过程,不仅仅只着眼于它在经济层面是如何运作,政治层面是如何运作,同时更注意其文化层面是如何运作的,那就会发现,与经济的进展和政治的进展相伴随,西方同时也形成了一个日益强大的"文化批评"

传统。以第一个工业国家英国为例,它既是现代政治自由主义的发展地,同时又恰是现代文化保守主义的发源地。[15] 在我看来,被称为"第一位现代保守主义者"的柏克(Edmund Burke)在其名著《法国大革命反省》中所提出的那句名言,对现在的"文化讨论"乃是一剂最好的清醒剂:

> We compensate, we reconcile, we balance.[16]
> (我们应该求互补,我们应该做调停,我们要的是均衡。)

儒学在"现代"的作用,正应在这"互补""调停""均衡"的工作上。但是,儒学在现代的全部困难也正在此,即究竟如何,又在哪些层面上去互补、调停、均衡。这里最重要的是,我们必须时时提醒自己:不要企求一条廉价的、便当的,过于直接性的道路,而应记取"欲速而不达"的古训。

---

[15] 参见 R. Williams, *Culture and Society: 1780—1950*, Penguin Books, 1963。另可参见 R. Langbaum, *The Mysteries of Identity*, The University of Chicago Press, 1982,特别第二部分。

[16] E. Burke, *Reflections on the Revolution in France*, Oxford University Press, 1950,第187页。

从历史上看，西方在工业文明兴起后欲对之做补缺调停改造之事的曾先后有三种较主要的道路。第一，政治保守主义道路——又可分为"强式的"即法国的梅斯特尔（de Maister）等直接诉诸"中世纪主义"，要求全面复辟，以及"弱式的"即英国柏克等企图把中世纪式朴实生活方式与工业文明互相调和的路子，具体实施上都是试图通过"国家政权"来贯彻道德理想。第二，浪漫主义道路——主要为德国赫尔德、席勒等（并通过柯勒律治等传到英国）力图通过"人性改造"（以审美教育为媒介）来达到完美社会的路子。但应指出，这条路在黑格尔手里以及以后在英国新黑格尔主义（格林、布拉德雷、鲍桑葵等）手里仍又走向诉诸"国家政权"的道路，从而与第一条路（特别是"弱式的"路向）相通，正如柏克特别是后来马修·阿诺德（M. Arnold）等同样以促进"人性完善"为国家政权第一要务一样。顺便可以指出，欧洲文字中的"文化"一词正是在这种近代背景中浮现的（Culture，Bildung）。[17] 第三，革命运动的道

---

[17] 我认为，柯勒律治（Colleridge）与阿诺德（Arnold）等在英文中最早使用的culture一词，正与赫尔德（Herder）等在德语中最早使用的Bildung相通，其基本意思都是"人性的完善"（perfection）。二者均与儒学的"修养"一词最为相近。此地不能详论其同异了，可参见（转下页）

路（社会主义，特别是法国巴贝夫主义的道路），主张用暴力手段夺取"国家政权"并运用这一强大政治力量来推动"社会改造"（主要以"平等"乃至"平均主义"为鹄的）。——马克思本人就其意识形态层面而言，实际正是把上述第二条道路和第三条道路糅合了起来，亦即以暴力先夺政权，再用政权力量实行社会改造。但最后目标则是一个真正"人性"的社会，即以"个人的全面发展"（克服工业社会"人的片面发展"）为标志的全新社会（恩格斯称之为"人类史前的结束"和"真正人的历史的开始"）。

我以为，儒学在一百多年的历程中，实际也正经历了与上述约略相似的道路。世纪初康、梁保皇以及袁世凯、张勋复辟之大搞祭孔等，是儒学被纳入（强式的）政治保守主义的道路。现代新儒学（从第一代的梁漱溟、熊十力等到第二代的牟宗三、唐君毅、徐复观等）的"道德理想主义"为第二条道路。这条路与德国浪漫派等不尽相同，但实际却相当接近。因为在德国浪漫派

（接上页）M. Arnold 的名著 *Culture and Anarchy*（有 1958 年新印本）；关于 Bildung，则实际正是伽达默尔《真理与方法》一书的出发点所在，参 H. G. Gadamer, *Truth and Method*（1975），论 Bildung 部分。令人深思的是，近现代以至这几年来中文使用极频的"文化"一词，与上述 culture 以及 Bildung 之意几乎不相干。

那里，审美教育所指向的根本目标实际上正是（个人的和社会的）道德上的完善。而牟宗三等之精研德国古典哲学以及徐复观之突出"中国艺术精神"都绝非无关紧要的外在之事。第三条道路则正是儒学和中国社会主义的结合。海外学者常常认为，中国共产党贯彻彻底的反传统路线，从而造成了儒家文化在中国大陆的彻底衰亡。这种看法忽视了一个重要区别，即实际上，中共极"左"路线时期所摧毁的乃是学术层面上的儒学文化，而非社会层面或行动层面上的儒学文化，特别是儒家伦理。谁也不能否认，中共在取得政权以后，一直以来都并不是靠经济上的巨大成就，而恰恰是靠一种标准的"道德理想主义教育"来取得一个政权的维系必须具备的合理性依据、合法性根据和动机支持依据的。[18]扩而言之，世界上所谓"社会主义国家"与"资本主义国家"这两

---

[18] 参见哈贝马斯对于这种危机（经济危机、合理性危机、合法性危机、动机危机）的论述，见 J. Habermas, *Legitimation Crisis*, Beacon Press, 1975，整个第二部分。不过哈氏所分析的主要是"晚期或发达资本主义"的危机问题，在他看来，由于资本主义在经济上的成功，已经使一场社会革命所必须得到的合理性支持、合法性支持、动机支持不再存在。但他认为，在"晚期资本主义"条件下，合法性危机、动机危机有可能独立于经济危机而发生。这一思想后来在其《交往行动理论》中即发展为前已述及的"生活世界殖民地化"的理论。哈氏这套框架实际是改造、发展帕森斯框架而来的，这种危机相应于在帕森斯社会行动系统中经济、政治、文化、人格四大类系统中发生。

大阵营的基本区别，实际就在于：后者主要是靠经济成就（福利国家）来取得社会存续所必需的合理性根据、合法性根据和动机支持根据，而前者则主要是靠"道德理想主义教育"（政治化的道德，道德化的政治）来取得这些根据的。因此，对"资本主义"来说，最致命的危机是"经济危机"，而在政治与文化等领域则一般说来无论怎么样都不致动摇根基。相反，对"社会主义"来说，最致命的危机则是"信仰危机"，只要这一危机不发生，即使天灾人祸亦不致动摇根基［60年代的三年困难时期丝毫没有影响政权合法性即是最鲜明的例子］。因此，资本主义不能不全力保证经济增长，而社会主义则不能不一再加强道德理想教育，也就几乎是必然的了。

首重经济成长的社会必然是以"工具理性"或说"形式理性"为主导原则的社会，以道德理想为本的社会则正是以"价值合理性"或说"实质合理性"为主导原则的社会。韦伯本人当年也正是以此为据，明确认为社会主义是主张价值（实质）理性的，资本主义是主张工具（形式）理性的。但正如我们所知，韦伯本人的兴趣主要乃在"传统社会"与"现代社会"之分野问题，"形式合理性"与"实质合理性"这对概念在那里也就是"现代社会"与"传统社会"之根本区别所在。因此，在韦伯的思想中实际可引申出：社会主义社会与传统社会更相近，而资本主义社会与传统社会截然背道这一逻辑推论。我以为这一逻辑在实际历史上是有所印证的：所有社会主义国家全都出现在落后国家（与马克思当年设想全然相反）——即未经资本主义洗礼的"传统社会"中。因此，社会主义与传统社会的共同点、连续性之多之强也就几乎是普遍的经验事实。人们一般多从负面价值的共同处和连续性上来观察这一问题，例如极权主义、思想专制等等。但我以为这种观察其实比较表层。我更愿意从正面价值上的连续性和共同点来考虑这一问题。因为任何一个社会都绝不可能纯粹靠负面价值来长期支持，它必须具有某种正面价值才能赢得知识分子及一般民众的"默许"，从而得到其合法性根据，并将这合法性根据转化为整个社会的动机支持，这时这个政权的具体政策法令等才具有了"合理性"的根据。

从这一角度来观察，我们就可以看出：中国传统，特别是儒家思想与中国社会主义在正面价值上的连续性正是在于——道德理想主义——国民党与共产党互相反对，但二者都一致反对资本主义，这是相当意味深长的（孙中山先生本人曾多次宣称：三民主义就是社会主义），我认为实际上国民党和共产党都承续了儒家的道德理想主义传统。国民党是明言式的（explicitly）承续，无须多论，共产党则是非明言式的（implicitly）承续，故此常常争论。例如海外学者多认为共产党与儒学断然相反，大陆知识分子则几乎普遍认为二者有血统关系。平心而论，前者主要是一种外在的理论分析，后者则是几十年的内在亲身体会（tacit knowledge）。事实上共产党的合法性根据乃在双重层面上：在"明言的"层面上，其合法性根据必须落在"共产主义理想"，而绝不能是儒家理想，因为在明言层面，共产党代表无产阶级利益，并非代表封建地主阶级利益，而儒家理想则是被定为封建地主阶级的人生理想，因此，明言层面诉诸儒学伦理，无异于动摇其合法性根据。但是，在"非明言的"层面，所谓"共产主义理想"和"共产主义道德"实际上又恰恰必须通过中国传统文化，特别是儒家文化早已凝聚的人生理想和道德规范为媒介，才能最快、最直接、最普遍地落实到整个社会，亦即完成其"社会化"和"内化"的过程。换言之，在这一层面，社会主义之合法性根据必须落在传统文化上。而社会主义社会之所以能从传统文化中直接获取其合法性根据，恰恰就在于社会主义与传统社会都是以"道德理想主义"（价值合理性）为本的。换言之，二者有着某种"内在亲和力"。而资本主义则不可能从传统文化获得这种直接的合法性根据，因为它所遵循的乃是与"道德理想主义"（价值理性）截然相反的"经济理性主义"（工具理性）原则，二者不但没有"内在亲和性"，而且直接抵牾。

从实践层面来看，50年代初中共的"思想改造运动"能取得如此巨大的成功（百分之九十五以上知识分子，包括金岳霖、贺麟、冯友兰、朱光潜、巴金等学术文化重镇都是绝对"正心诚意"地接受这一改造的），如果不是因为这种"内在亲和性"，亦即如果不是因为知识分子内心深处有某种与之呼应合拍的"种子因素"或"支持意识"，那是根本不能想象的。[冯友兰当年苦心拈出"抽象继承法"，实际正是想把这种"内在亲和性"表达出来。然则书生愚也："非明言的"东西是不能"明言的"论说的，如前所言这是会动摇合法性根据的。冯讨了一顿板子也就毫不冤枉了。]只要读一下王蒙的《青春万岁》，以及张贤亮等人的作品，就不难想出，知识分子当时实际是把最美好的人生理想与最高的道德完善都寄托和投注在共产党以及社会主义身上，共产党和社会主义也正是由此而获得世所罕匹的强有力的"合法性根据"。同时，50年代、60年代中国大陆道德水准之高也是不争的事实，60年代初提倡"学雷锋"（雷锋这个形象无疑是符合儒学理想的，虽然他的称号是"共产主义战士"），笔者当时十岁上下，却至今仍能忆起当时那种巨大的道德感召力，几乎已达"满街是圣人"的气象。

但是，任何一种道德理想主义都有一个内在的巨大悖论：如果没有政权力量的巨大支持和提倡，这种道德理想极难成为整个社会普遍的人生理想和道德实践［基督教长期与王权争夺领导权即是这个原因；前述西方文化保守主义都将"道德改善"寄托于"国家政权"也是为此］，但是，一旦得到了政权力量的巨大支持，这种道德理想也就必然政治化、意识形态化，从而成为一种"宰制性力量"。换言之，一个社会的道德凝聚力程度与该社会的政治一体化程度往往是成正比的。"文革"期间，这种道德理想主义已经达到其顶点——"狠斗私字一闪念"，"灵魂深处闹革命"（这当然与宋明理学有"内在亲和性"），同时也就是政治意识形态"宰制性力量"达到顶峰的时候。也正是在这时候，知识分子才能比较清楚地看到，道德理想实际主要已经是某种政治控制力。"文革"的结束，实际意味着"道德理想主义"已经全然失去其魅力了。其正式标志则是1980年左右在全国范围持续一年多的所谓"潘晓引起的人生观讨论"。道德理想主义的"脱魅"（disenchantment）实际上正意味着以"价值理性"立本的社会之全面危机，同时也就是"合法性根据"的真正危机。十年来的改革，实际上就是重新争取其"合法性根据"的过程，所谓"改革"，根本的根本集中到一点，这就是：把一个以"价值理性"为基的社会改变为一个以"工具理性"为基的社会，把首重"道德理想主义"的社会改变成一个首重"经济增长"的社会。换言之，"合法性根据"，已不像以前那样从"道德理想主义"来取得，而必须诉诸"经济理性主义"了。这整个过程，恰恰是韦伯当年所说的那个根本改变世界面貌的过程——世界的脱魅（disenchantment of the world）！

在这样一个"脱魅"的年代，儒学在当代中国的命运自然也就可想而知了。中国大陆这些年来几乎一边倒的"反传统"浪潮也正是在这里有其充分的根据、充分的合理性、充分的必要性，甚至充分的迫切性。儒学重又被拉出来批判，并不仅仅是像海外学者所以为的那样只是"借钟馗打鬼"，因为根本之根本实际在于：中国今后应该仍然是以"道德理想"为本，还是以"经济增长"为本？是以"价值理想"为原则，还是以"工具理性"为原则？十年来所有的反反复复，实际从根本上都是集中在这一点［最近大陆发生的"蛇口风波"即是明证］。答案自然是清楚的：今日及今后中国必须以"经济增长"为本，以"工具理性"为原则。相反的道路不啻是一种倒退。儒学之落到普遍的拒斥、普遍的批判，自然也就顺理成章了。

主要在大陆以外发展的"现代新儒学"，在大陆很难得到人们的同情和理解，自然也就是必然的了。因为牟宗三等人在理论上的"道德理想主义"，如果在现在大陆的实践层面上真正落实，不仍然正是回到以往的那种实践道路吗？

所有这些，都可以而且也应该放到整个世界史的层面上来更广阔地透视。在我看来，近些年来所有社会主义国家都先后开始的国际性的"改革"，其根本点实际都在于：从"价值理性"转向"工具理性"，从以"道德理想"为本转向以"经济增长"为本。这就是说，共产党和社会主义的"合法性根据"今后必须在"经济增长"上去获得，而非像以前那样主要靠道德理想来获得。换言之，人们已清楚意识到，不管你是资本主义还是社会主义，只要你想进入"现代社会"，那就必须以"工具理性"为原则，以"经济增长"为尺度，一言以蔽之,韦伯所说的"世界脱魅"现在正在世界更广大范围进行着。这样一种进程,我们必须能在理论上给予更高的把握。如果我们仔细辨析,那就不难发现,韦伯拈出的"工具(形式)理性"与"价值(实质)理性",实际上无非正是在社会学层面上重述了德国古典哲学的那对著名概念,即"知性"(Verstand)与"理性"(Vernunft)。黑格尔所谓"感性""知性""理性"的区分,绝非如人们所以为的那样只是一个认识论上的区分(当然也是,但并不仅仅是),而首先是一个本体论上的区分,三者隐隐相对的正是"传统社会""现代社会"以及某种"更高形态的社会"。黑格尔这种纯粹抽象的理论推演在马克思手里转化为一种现实的历史的演进:"知性"和"理性"都已经不是抽象的,而是具有一个实际承担者(agent),"理性"现在具体地体现在"工人阶级"这一历史主体(historical agent)身上,来完成其现实的历史的进程〔可以参考卢卡契的《历史与阶级意识》、马尔库塞的《理性与革命》等〕。但是,无论黑格尔还是马克思,都强调"扬弃"(aufheben)这一概念,即"理性"必须在"知性"的发展中来完成,"社会主义"必须在"资本主义"的发展中来得到肯定。但两人当然都坚信:"知性"是必须也必然被"理性"所取代的。"资本主义"是必然要过渡为更高的社会主义的。——现代新儒学（从梁漱溟到牟宗三）在这一点上恰恰又是与之站在同一立场上的：儒学文化（价值合理性）在未来世界必然仍要占主导地位。当然，现代新儒学更近黑格尔，而非马克思，因为它也是一种纯粹的信念，并不诉诸实际的社会历史承接者。换言之，新儒学只是甚至也只能是一种"哲学"，很难化为"社会学"（如要在现阶段化为"社会学"之实际进程，则中国大陆社会主义以往已有经验）。

康德的路子是另一条道路："知性"并不必然被"理性"所取代，而是断然分离——黑格尔的那种"理性"亦即"知性直观"被康德判为只是神所具有，而非人能达成——牟宗三不满康德，认为打不通"知性直观"，实际正是走向黑格尔。同样，尽管李泽厚1980年大叫一声"要康德不要黑格尔"，其实李公之"康德"正是"黑格尔式的康德"，其《批判哲学的批判》全然是从黑格尔来看康德的。道理很简单：李泽厚欲把康德与马克思相勾连，不通过黑格尔为媒介根本办不到。根本差异就在于：康德所谓以"审美"来调和，乃是一个"虚"调和，而非"实"调和，亦即只是在"艺术"中的调和，绝非"社会"实际的调和，在"社会"实际中，"工具理性"与"价值理性"不可能调和［理智直观达不到］（黑格尔实际最后只能以"国家理性"来做"实"调和）。

韦伯是站在康德一边的。今日哈贝马斯也把"新马克思主义"从卢卡契式的黑格尔主义转向康德式的：强调各价值领域的分离，而不再追求一个历史的"总体性"（卢卡契核心术语）大解决［限于篇幅，此处暂时不谈霍克海默尔与阿多诺《启蒙辩证法》这一文化悲观主义路向以及哈贝马斯的看法］。贝尔的"领域断裂"，实际上其理论根据早已由康德做好——"三大批判"领域各自独立，各有其原则。

儒学今日必须从这一理论与实践上的双重严峻局面中来重新考虑自己的出路：从理论上，它必须重新考虑自己与黑格尔式道路及康德式道路的关系；从实践上，它必须正视中国社会主义实践以往的经验教训。今日儒学如果不敢正视这两个问题，只会一味去找各种借口，那就是不折不扣的鸵鸟政策。

正是面对这一双重困境，本文主张：第一，从理论上，切断现代新儒学把儒学与黑格尔主义相通连的道路（尽管老黑格尔是我本人至今喜欢的哲学家），亦即如前所述，不要再幻想从儒学中"开出"工商文明、科技理性而后又"复归"于儒学道德主体这条路;第二,从实践上,切断新儒家使儒学继续一味向"道德理想主义"方向发展的道路(更贴切地说,是把这条路暂时"放到括号里去")。

我阻断儒学"开出""工具理性"的道路,又阻断儒学继续高扬"道德理想主义"(价值理性)的道路,这岂不是宣判了儒学的死刑?非也。所谓"批判的文化保守主义"当另有落脚之处。

我的看法是,儒学今日只有一条路,即把它的全副价值关怀均转入全力发展精神科学、人文研究的方向上去,亦即把其价值关怀寄托在纯粹的学术研究上去。今日儒者的命运也只有一条路,即韦伯所谓"以学术为天职"(Wissenschaft als Beruf)。换言之,如果说以往在中国的情况是:学术层面上的儒学文化受到中阻,而社会层面或行动层面的儒学文化都全然相续,那么今后恰恰应反过来——全力进入学术层面上的儒学文化,暂时切断或说"悬挂"起行动层面即社会层面的儒学文化。确实,儒学的"社会功用"是必然大大降低了。但是,儒学在"文化使命"上的任务却更其迫切了。我绝不认为,这就是降低了儒学的地位,削弱了儒学的"价值情怀",恰恰相反,这实际上是提高了儒学的文化地位,强化了儒学的价值取向。因为，所谓"精神科学"或"人文研究"绝非仅仅是一种无谓的学术之争，"精神科学"与"自然科学路向"的对话，实际正是"传统"与"现代"在更高层次上对话的开展，这种对话，正是在为人类的未来做精神上、理论上的双重准备。

由此，我认为，历来的提法——儒学在20世纪受到"西方文化"的挑战——是个极其含混不清的说法。哪个"西方文化"？事实上，并不是"西方文化"在向"中国文化"挑战，而是人类性的、普遍的、新的"社会"组织形式——工商业社会组织——在向"中国文化"和"西方文化"的历史传统共同挑战，是"工具理性"向"价值理性"的挑战。因此，把问题扭为"中西文化之争"只能把问题搞得混乱不堪。

也因此，我既反对"中体西用"，更反对"西体中用"，我的立场是：以"人文文化"为本（文化层面），以"工具理性"为用（社会层面），并且体用两分，而非不即不离。从这个立场，儒学不是要考虑如何去迎接"西方文化"的挑战，而是要考虑如何与"西方文化"——"精神科学"研究的路向——联起手来，共同促进人类的价值关怀。

儒学在"现代"确实只能是少数人的事了，而不会也不能再像以往那样无所不包地笼罩整个社会。但是，这又有什么关系？又有什么可沮丧的？我坚决地相信："社会"的进步是大多数人共同推进的。但是，文化的繁荣却从来就是少数人的事。德国古典文化的繁荣有几个人，不就是魏玛那个小圈子的几个人创造出来的？艾略特早已指出：随着功能理性的发展，"文化"这一概念即看其是与整个社会相连还是与某个阶层相连而分不同的层次（艾略特：《关于文化定义的札记》）。可以说，在工商社会，与整个社会相连的只能是"功利主义"的大众文化。这是没有办法之事。儒学硬要进入这个层面去争斗，是不会有结果的。而且在实践上讲（至少在中国）还可能阻碍社会进步，因为一个"现代"社会只能是一个以"工具理性"为原则的社会。儒学应该在少数知识分子〔intellectuals 而非 intelligentsia〕手中力争焕发出一个真正的"文化"上的繁荣，这才是儒学在"现代"之路。

儒家在现代是尴尬的。它既不能使自己去迎合"工具理性"（这是投降主义道路），又不能反其道而行之去高唱"道德理想"（这是进攻主义道路），从而把社会往后拉。唯一的路只能是守卫人文文化（保守主义道路）。

现代知识分子尤其是中国知识分子是痛楚的。作为社会一员，他必须无条件支持中国"脱魅"的过程，不管他如何厌恶"工具理性"。这是知识分子的"社会关怀"必须要求他的。但是，作为"文化人"，他将眼看着在整个社会上文化之衰落而痛苦不堪。正如奥威尔（Orwell）所言，知识分子在今日不能不被撕成两半：一半进入"社会"，一半却只能被"放逐"出社会。

致　谢

将近二十年前，我还在香港大学工作时，友人王晓明教授邀请我去上海，为华东师范大学举办的"全球化文化生产条件下的中国文学研究"研讨会讲课，使我第一次有机会与国内文化研究领域的师生共同细读威廉斯的《文化与社会：1780—1950》，也是在那次研讨会的开幕式上，我很放肆地做了"超越西方文化左派"的演讲。在此特别感谢晓明和他的弟子们——当年还非常非常年轻而今都已是中坚学者的毛尖、罗岗、倪文尖等。感谢他们虽不同意我的很多观点仍能对我特别包容。

感谢张静芳很多年前不辞辛苦把我的讲课录音整理成文字，感谢我从前的学生王晨晨对书稿的订正。我希望尽可能保持讲课的口语风格，由此带来的种种粗疏当然由我个人负责。

我和三联书店的合作已经四十多年，感谢从董秀玉大姐到冯金红等几代三联人对我的信任和包容，愿三联书店再过四十年仍然保持1980年代的文化传统。

甘阳
2025年儿童节